APPUNTI DI DIRITTO MEDIEVALE E MODERNO

Graziano D'Urso

2020

Appunti di Storia del Diritto Medievale e Moderno

Lulu.com, Morrisville, NC.

ISBN: 978-0-244-86698-3

INTRODUZIONE

Questo libro vuole essere una raccolta di lezioni di storia del diritto medievale e moderno in forma di appunti. Un testo suddiviso in ventinove lezioni trascritte nell'a.a. 2010/2011 presso la facoltà di Giurisprudenza dell'Università degli Studi di Catania.

Il curatore pertanto declina ogni responsabilità per il contenuto e la correttezza scientifica delle lezioni.

Febbraio 2020

1. Semantica storica

A fronte di una forte continuità storica vi è una forte discontinuità semantica. La parola *Lex* la traduciamo al giorno d'oggi con il vocabolo "Legge", invece nel medioevo con *Lex* ci si voleva riferire ad un altro significato: non è un atto di volontà ma di razionalità. I sovrani medievali davano delle leggi al loro popolo. Rotari nel 643 detta la legge dei Longobardi (*edictum*) ma era la messa per iscritto delle consuetudini orali del popolo, quindi la legge è nella natura delle cose, il frutto delle *mores*, consuetudini, frutto della tradizione. Le *leges* nell'età medievale raramente erano create dal nulla ma si trattava di qualcosa che precedeva la volontà del monarca: il diritto è certo. I Longobardi erano guidati da consuetudini le quali sono state tramutate in leggi per risolvere le incertezze del diritto. La pubblicazione (non promulgazione) delle leggi avviene per rendere certo il diritto creato dalle consuetudini popolari.

La parola "scolaro" ha pure una sua traduzione modificata rispetto alla sua tradizione semantica. Questa rappresentazione è abbastanza sfittica qualora la si intende ad una funzione puramente passiva, come qualcuno che assorbe qualcosa che gli viene dato. Nell'età medievale un ragazzo nelle nostra condizione non si sarebbe mai chiamato studente, ma scolaro. La differenza tra scolaro e studente sta nella appartenenza: lo studente studia da solo; lo scolaro insieme ad una comunità. La *Schola* era una comunità come la *Universitas,* termine utilizzato sin dal latino. Oggi con Università rappresentiamo una serie di elementi: studenti, professori, personale, ordinamento, esami, procedure, aule, sedi, etc, ma nell'età medievale si utilizzava un altro termine: *Studium Generale[1].*

Quando si utilizzava la parola *Shcola* ci si riferiva ad una comunità di un determinato insegnante, invece *Universitas* (che si traduce correttamente in Corporazione o Associazione) era la corporazione degli studenti (soggetto politico corporato come le altre corporazioni). Lo scolaro pagava direttamente (*Collecta*) al professore, ed il programma di studi era stabilito dall'*Universitas* in quanto si temeva che il programma stabilito dal professore fosse eccessivamente minuto: ogni quattordici giorni si stabiliva il programma di studi. Questo spirito collegiato, stranamente si è mantenuto più nei paesi anglosassoni che nei paesi mediterranei (dove è nata l'*Universitas*). Questa antica tradizione di comunanza legata allo sport è rimasta più legata nei paesi anglosassoni: *"college"* (*collegium*), etc.

---

[1] Insieme di tutti gli studi.

Gli studenti spagnoli andavano a studiare nel Medioevo in questo *collegium* che non era solo una residenza ma come una scuola superiore (come la Scuola Superiore di Catania).

Il termine Medioevo nasce nel periodo dell'umanesimo con *Media Etas*, fine '400 inizi '500.

Qualunque parola non può essere detta in un tempo qualunque: nel trecento non era chiamato medioevo, ed è una ben strana intitolazione "età di mezzo" dal 476[2] al 1492[3]: è come dire età che sta in mezzo, figlio illegittimo della Storia. Età di mezzo è un termine dispregiativo, difettivo in quanto sta in mezzo tra la classicità e l'umanesimo che ritrova quei valori. Gli umanisti si chiamavano "moderni", e chiamavano antichi coloro i quali erano precedenti all'età di mezzo.

"Età di mezzo" nasce con questo significato difettivo e non poteva mai uscire prima, allo stesso modo fraternità, comunità, uguaglianza, etc. Quindi le parole vengono fuori sulla base della maturazione sociale e verbale. Poiché vi è stata una cesura a metà del '400, una discontinuità importante, nasce il termine Medioevo, quindi va prendendo corpo un'idea secondo

---

[2] Caduta dell'Impero Romano d'Occidente per opera di Odoacre Re dei Burgundi, con deposizione dell'ultimo imperatore Romolo Augustolo e consegna dei vessilli imperiali all'impero d'Oriente.
[3] Scoperta delle Indie occidentali (Continente Americano) ad opera di Cristoforo Colombo: scoperta del "Nuovo mondo".

cui tutto ciò che è venuto prima è frutto di fraintendimenti nell'ambito giuridico: intorpidimento, stasi, degenerazione, etc. Quindi vi è una riscoperta dei classici, classici di ogni tipo ed arte: è un'età di grandi polemisti. Si opera un fatto assai singolare: quando vi sono periodi di transizione (anticamera metaforica tra due stanze tipiche) di solito i trapassi non sono netti e decisi, vi è una sfumatura dal vecchio verso il nuovo; gli uomini nuovi vengono rappresentati come i "moderni". I giuristi per distinguersi dagli antichi preponevano il termine moderno al nome degli autori di antologia giuridica.

Il moderno si impianta sull'antico senza rinnegarlo, poiché vi è una simpatia. La cultura si rinnova grazie all'esperienza passata. Ma gli uomini dell'Umanesimo non chiamano antichi gli uomini del Medioevo, ma quelli di mezzo. Gli storici hanno indicato il 476 d.C. come inizio del Medioevo, ma solo come età arbitraria in quanto non vi è stato nessun evento eclatante (oltre alla caduto dell'impero romano). Non sempre il 476 è stato condiviso, infatti qualche storico ha proposto l'invasione dei longobardi 568 d.C., e fra gli storici del diritto un'altra data è la compilazione di Giustiniano (565 d.C.). Le periodizzazione sono arbitrarie, frutto di chi è chiamato a raccontare la storia: arbitrarie sì, ma socialmente condivise. Tradizionalmente il nuovo si innesta sull'antico senza rinnegarlo. *Anticus* ha adesso un valore neutro e non più difettivo, e ciò è la prima volta. Antico è fortemente difettivo in un'altra epoca storica, in cui bisogna voltare pagina: *Ancient Regime*.

L'Illuminismo è stato agglutinato nella rivoluzione francese, e nel campo del diritto questo è importantissimo in quanto bisogna dare il primato alla legge e non più all'interpretazione. Il diritto lo dà lo Stato e non è un prodotto giurisprudenziale: il passato è un groviglio di giurisdizioni, favoritismi, etc.

La cultura del Codice (leggi generali ed astratte) è tale in quanto riferita ad un soggetto artificiale: soggetto giuridico.

Una discontinuità è quella del '400/'500 e l'altra è quella del '600/'700. Il Settecento è anche uno spartiacque tra Premoderno e Moderno, in quanto vede la nascita della modernità.

Ci sono parole che hanno una performatività rilevante: la connotazione difettiva ha fatto sì che alcuni processi storici si sono trascinati la direttività. Il medioevo rinasce e rivive ogni volta che viene trattato, interrogato, parlato, etc.

2. La parola "Medioevo"

Le parole nominano le cose, ragionando intorno al rapporto tra le parole e le cose. Quando noi nominiamo una cosa la stiamo significando, compiendo un'operazione di significazione, ricercando il significato di quella cosa. Nella linguistica moderna il rapporto che c'è tra le parole e le cose risponde alla dialettica tra significante e significato. C'è una condivisione di significati tra chi trasmette il segno e chi lo riceve, tra il condividente ed il ricevente ci deve essere una condivisione di significato. Quando riceviamo un segno lo interpretiamo: noi umani in ogni nostra attività siamo degli uomini interpretanti orientandoci nel mondo dando un significato a tutti i minuti segmenti della nostra esperienza. Il senso rinvia ad un'idea di ordine, struttura, ordinamento, etc; invece il non-senso è il caos. La funzione di tutti i segni serve da corredo a questo orizzonte di senso, e la performatività consta nel rapporto tra parole e cose. La caratteristica intrinseca dell'uomo è il linguaggio come strumento di interpretazione. Il linguaggio è lo strumento attraverso cui l'uomo costruisce una visione del mondo.

Ogni parola, in base al contesto letterario (o storico) non mantiene lo stesso significato. Le parole hanno una lunga storia, ma a fronte di una lunga storia possono avere una discontinuità semantica. Performatività in linguistica significa che vi sono delle parole nelle quali il rapporto di forza intrinseca crea la cosa: la parola crea la cosa (v. Medioevo).

Legittimamente può essere detto che il "Medioevo" nasce nell'Umanesimo e vive ancora insieme a noi, adesso (più che dal 476 al 1492). Ma per dire ciò ci stiamo muovendo su due registri: uno è storia come evento, l'altro è storia come racconto di evento. La parola Medioevo ha una forte performatività in quanto con essa si costituisce il concetto con due date, inizio e fine.

Non c'è questa netta distinzione tra gli eventi ed il racconto degli eventi in quanto operazione artificiale. Il passato non esiste: un evento storico non è trasportabile nel tempo e nello spazio; ciò che resta è la traccia: memoria, appunti, libri, foto, immagini, video, registrazioni, etc. L'evento in sé prende il nome di contesto, e ciò che resta è il testo. Il contesto non è riproducibile, trasportabile, né nel tempo né nello spazio; il testo è riproducibile e trasportabile nel tempo e nello spazio. Il testo è la prova del contesto, e la differenza fondamentale è che il contesto esaurisce la sua pregnanza nel momento stesso in cui avviene; il testo è la prova che ogni contesto non può non lasciare.

La compilazione giustinianea viene elaborata, progettata, compiuta, promulgata in un arco di tempo determinato, sotto Giustiniano, e quella compilazione è un testo, testimone di una straordinaria catena di eventi nell'impero bizantino sotto Giustiniano. La Compilazione giustinianea si è posizionata poi in contesti diversi. Un testo, quando passa da un contesto all'altro, modifica il senso, il significato, ed l'interpretazione.

La fine del mondo antico è caratterizzata da una profonda crisi politica, con una età profondamente diversa: l'Umanesimo. L'Umanesimo fu un altro mondo profondamente diverso e distante dal Medioevo. L'uomo del primo medioevo era angustiato dai pericoli della vita e della natura; le città del primo medioevo non erano di pietra: l'uomo si ritirava in campagne e foreste. Nel secolo della rivoluzione commerciale c'è un grande movimento di rinnovamento: l'uomo ritorna nelle città e si costruiscono le città medievali. Le Città medievali si sono costruite in una età di sviluppo economico, e le persone del Basso Medioevo avevano problemi differenti: come costruire le città. Nasce una idea di diritto pubblico distinto dal diritto privato, si costruisce la cattedrale se c'è la diocesi, si costruisce il palazzo del Podestà Signore del Comune, etc. Le pietre per costruire questi palazzi vengono tratte da vecchie costruzioni, cave, e rovine romane. Nel Basso

Medioevo non si trova interesse o rispetto nelle costruzioni antiche, rovine, etc.

Un testo, passando da un contesto all'altro, assume un significato diverso mutando funzione, utilità, etc. Ogni contesto rilegge il Medioevo, non inventarsi di sana pianta, ma pone agli stessi documenti agli stessi testi nuove domande. Il passato lascia dei testi (tracce) che accompagnano l'umanità secolo dopo secolo: le età storiche (che sono sempre più lontane) vengono interpretate sempre diversamente. Quindi il racconto degli eventi è sempre artificiale, e la relativa interpretazione e mutevole. Storia, diritto, medievale, moderno, sono quattro parole che spalancano una voragine di problemi, in quanto dense di significato e problemi. Medioevo è una costellazione di problemi: periodizzazione, continuità-discontinuità, etc.

Il Diritto Privato è segnato dalla continuità in quanto radicato, quello pubblico dalla discontinuità in quanto è più esposto alle intemperie della sfera politica. Il Medioevo non è sempre uguale a sé stesso, è attraversato da contraddizione.

Il Moderno nasce dall'Umanesimo e dal Rinascimento. La partizione "Antico", "medievale", "Moderno" è stata creata nell'Umanesimo, e così è rimasta fino ad oggi; infatti alle tre è stata aggiunta una quarta: "contemporanea". Tale partizione è mutevole in quanto il futuro divora il tempo, e la Storia contemporanea di adesso è differente di quella raccontata cinquant'anni orsono. Questi sono termini relativi al nostro mondo in quanto ogni età riscrive la Storia, e se non fosse così non si capirebbe. Uno storico racconta un dato oggetto storico diversamente di come avrebbe fatto uno storico di cinquanta o cento anni orsono. Il concetto di Storia è un prodotto tipicamente moderno. La Storia con la "s" maiuscola è un percorso, una direzione, una visione complessiva della vicenda umana[4]. Questo concetto nasce con l'Illuminismo, in quanto precedentemente non vi era tra gli uomini un concetto di Storia come racconto degli eventi declinato al singolare. La Storia non è l'insieme delle storie, ma l'insieme delle visioni generali del mondo. La Storia è influenzata dalla posizione filosofica, religiosa, politica, sociale di chi la racconta. Ogni modo di raccontare la storia è di per sé vero in quanto esiste: è come guardare un oggetto tridimensionale da tanti punti di vista proponendo così tante facce, tante visioni, tante interpretazioni.

Ci sono istituti e profili che vanno studiati solo con strumenti del diritto, e non con tutti gli strumenti di tutte le altre le discipline (economia, politica, antropologia, sociologia, etc.), ma non si può capire

---

[4] La Storia non sempre è stata considerata una scienza: prima ci si riferiva ad essa con le "historie" termine in cui l'iniziale era minuscola.

taluno istituto o profilo senza conoscere assetti economici, politici, antropologici, sociologici, etc. Il codice del 1865 è stato necessario in Italia per l'unificazione del Diritto Privato del paese, in quanto precedentemente si avevano tanti codici quanti erano gli stati: il diritto si modifica e si piega alle nuove invenzioni, e scoperte scientifiche e tecnologiche, si pensi alle fotografie, ai filmati, registrazioni audio, etc. Il diritto è un complesso di regole, sanzioni, apparati, riti, è un fatto culturale, dove per cultura s'intende un prodotto costruito dall'uomo (non come individuo), e socialmente condiviso. Il Diritto è la forma letteraria della società. Il diritto anche nel cristallizzare le regole contribuisce a creare un'immagine della società.

3. Periodizzazione

L'*arbitrium iudicis* nel linguaggio giuridico medievale vuol dire fascio di potestà del giudice traducibile con libero convincimento del giudice. Nell'età medievale vi era una sorta di aritmetica della prova per la risoluzione del caso. Vi era un sistema molto rigido per l'accertamento della prova, ed il giudice alla fine non aveva grandissimi margini, ma nonostante ciò il giudice si ritagliava lo spazio per esercitare il suo *arbitrium*. La periodizzazione storica è pur sempre una scelta arbitraria e ciò vuol dire che è frutto dell'uomo e non degli eventi. L'uomo chiamato a raccontare la storia per convenzione classifica le età in una certa materia.

Tutte le classificazioni hanno dei vantaggi ma anche lo svantaggio di prestarsi ad una forma di irrigidimento della realtà: cristallizzazione. Le classificazioni servono all'uomo per mettere ordine all'esperienza, in qualsiasi contesto. Bisogna essere disincantati di fronte alle classificazioni storiche. Il Medioevo si è sempre chiamato età di mezzo, in qualsiasi lingua e luogo. Ad un certo punto la storiografia ha ritenuto necessario dividere il Medioevo in due partizioni: primo e secondo medioevo, oppure Alto e Basso Medioevo. Ma non è così semplice ingabbiare dieci secoli in un'etichetta, quindi se ne sono create due.

L'Alto Medioevo nasce tra il V ed il AVI secolo, terminando intorno al mille. Il tempo nel medioevo era scandito dai cicli agrari e dai tempi canonici, campane, etc. Un contemporaneo di Dante somiglia di più ad un contemporaneo di Ariosto che di Giustiniano: il secolo XII è più vicino al moderno che al primo medioevo. L'alto medioevo si rappresenta come il "gotico", feudale, signorile, etc.

Il Basso Medioevo ha ancora rapporti feudali e signorili, ma è molto diverso se pensiamo ai profili pubblicisti. E' un prototipo dello stato moderno, con giudici, giuristi, uffici, burocrazia, etc., e nasce il diritto mercantile (commerciale). Tra l'alto ed il Basso Medioevo vi è stata una cesura. Il Medioevo è come un'area di transizione in cui non si sa bene cosa deve passare, e cosa deve restare indietro, cosa nascere e cosa perire[5]. L'età moderna si rappresenta come quell'età che prende avvio dal basso medioevo. L'età tardo antica precede l'alto medioevo: gli storici hanno voluto denominare come Tardo Antico quei secoli che vanno da Diocleziano a Giustiniano (Età Postclassica del diritto romano), secoli in cui nascono i presupposti del diritto medievale. Altri autori ritengono che dopo il basso medioevo la Storia dovrebbe suddividersi in "Premoderno", "Moderno", "Postmoderno". La modernità del diritto è il codice, quindi a partire dall'età post-rivoluzionaria: la vera modernità ha trovato il suo emblema nella rivoluzione francese. Dal punto di vista storico Umanesimo e Rinascimento non sono stati una così grande discontinuità da Codice. La cultura del codice ha rappresentato una fortissima discontinuità da un'età precedente che gli autori chiamano Premoderno. Per quante differenze ci siano

---

[5] Espressione puramente esemplificativa: *"Quest'area di transizione è come una sala parto: qualcosa nasce ed acquista vitalità e vigore, ma qualcos'altro viene eliminato, qualcosa resta, ma qualcos'altro si indebolisce, perde vitalità e muore."*

state dal XV al XX secolo, dal punto di visto giuridico tutti questi secoli hanno in comune la stessa visione organicistica e cetuale della realtà: la società è un organismo fatto da tante parti, le quali non possono essere mutilate. Si riconosce la disuguaglianza degli uomini. Un uomo premoderno non avrebbe mai detto che gli uomini sono uguali, ed avere una visione cetuale significa avere un diritto per ogni ceto: militare, chierico, mercantile, agrario, etc.

Questo dato attraversa tutto il Medioevo e giunge all'Umanesimo sotto altri aspetti: per la prima volta nasce un codice uguale per tutti perché non c'è più il chierico, il mercante, l'agricoltore, ma solo il cittadino.

4. Evoluzione del concetto di Storia

La Storia non è una raccolta di anticaglie, e di tracce del passato, ma è una raccolta di eventi ed una continua ricerca di nuovo e di vero nel passato. La Storia non è la mera collezione di fatti, come le perline di un rosario mettendo in successione fatti storici. Alla fine dell'800 soffia in Europa un vento scientifico, ottimistica del positivismo (non intesa la corrente filosofica e sociologica di August Comte) ma ciò che va al di là della filosofia e della sociologia. L'800 è un epoca di sfrenato scientismo: le scienze della natura più che dell'uomo. L'Europa di fine secolo venne intitolata "Belle Epoque" per le grandi scoperte in tutte le discipline scientifiche. Per la prima volta si è guardato alla storia non solo dal punto di vista ontogenetico ma anche filogenetico; è l'età della seconda rivoluzione industriale e di un capitalismo in fase crescente.

E' l'età in cui si ritiene che il progresso è inarrestabile: l'idea di progresso a quel tempo (Karl Löwith) era l'idea escatologica di matrice ebraico-cristiana secolarizzata; l'attesa messianica è l'accadimento sacro che rende la Storia lineare e non più ciclica. Löwith ha teorizzato che la visione della storia è la stessa di quella religiosa ma secolarizzata, "sensando" la storia, ponendo come oggetto teleologico il comunismo (sostituendolo all'apocalisse).

Questa è l'età della Scienza, e si ritiene che qualunque ramo del sapere deve basarsi solo sui fatti osservati secondo il modello galileiano, sistemati, ricostruiti, etc. Quindi positivo è l'atteggiarsi alla Scienza esatta, con metodo perlopiù induttivo: attraverso il conosciuto si arriva al non sconosciuto. In questo clima vi è una frequente contaminazione dei saperi: il giurista che diventa sociologo, o criminologo, o biologo, o altro. E ciò è un dato culturale, prodotto della Storia.

Questa atmosfera entra profondamente in crisi con la prima guerra industriale. La prima guerra mondiale è stata di una rilevanza capitale ma che si è intersecata con lo sviluppo industriale: quindi la prima guerra industriale nasce con la prima guerra mondiale. Tale evoluzione ha portato una fortissimo capovolgimento delle condizioni di vita.

Gli eserciti non erano più formati dai mercenari, ma da contadini sradicati dalle loro terre per combattere un nemico invisibile e meccanico (cannoni a lunga gittata). La prima guerra mondiale ha cambiato il rapporto tra l'uomo e l'esperienza in quanto si introduce l'artificio della guerra.

L'idea che lo stato interviene attraverso il diritto in tutti i campi viene inaugurato nella prima guerra mondiale (Diritto Militare, Politica Economica, Diritto d'Eccezione, Diritto Penzionistico, etc). Questa è la prima guerra artificiale in quanto è una guerra tecnologica. Comincia ad insinuarsi il dubbio che la Scienza sia un prodotto storico, e che i suoi risultati vanno riportati all'uso che se ne fa della Scienza. Nel campo scientifico si affermavano delle teorie che mettevano in crisi. Per la prima volta si mette in discussione spazio e tempo (Einstein), o determinazione (Heisemberg), etc.

Ogni teoria scientifica è valida finché un'altra non la falsifichi, e questa è la nuova legge della Scienza.

Darwin e Freud hanno inferto delle ferite narcisistiche alla centralità dell'uomo, all'autocoscienza, all'universo, etc. Il Positivismo da imperante entra in crisi, e gli storici di fine ottocento sono tutti influenzati dalle modificazioni dei pensieri storici.

Otto Franke dice che la Storia non è altro che ricostruire come sono andati i fatti; l'elemento positivo dell'uomo è il documento: più vengono raccolti documenti, più si ricostruisce la Storia. Il fatto si è cristallizzato in un documento. Se la Storia fosse una mera ricostruzione dei fatti non si capirebbe perché ogni età riscrive la Storia e la riscrive non necessariamente sulla base di nuovi fatti e documenti che emergono, ma perché vengono letti sempre in maniera diversa gli eventi. Il problema dell'obbiettività è un falso problema in quanto sono da mettere nel contesto spazio temporale gli storici che studiano i fatti, ed i fatti stessi. Quando si ha un rapporto con la Storia un evento non è trasportabile nel tempo e nello spazio, ma si può solo ricordare, ricostruire studiare, etc.

I documenti da soli sono solo carta: i documenti rispondono alle nostre domande, e cambiando domanda, cambia la risposta, quindi la Storiografia dell'800 (interessata agli apparati statali) è diversa da quella del secondo dopo guerra (interessata alle classi subalterne contadine), poiché i grandi movimenti di massa hanno intaccato il modo di sentire la realtà. I due registri collidono, ma non vanno confusi.

Gli storici sono parte della Storia, infatti vi è una materia che si chiama "Storia della Storiografia". La Storia giuridica può essere letta anche prendendo come criterio l'organizzazione delle fonti di produzioni: si può leggere la vicenda delle fonti del diritto in tanti modi, privilegiando un istituto, una materia, un personaggio o l'altro, ma un metodo molto efficace è quello di leggere il diritto secondo le fonti di produzione. La prassi è il diritto vivente, come funziona nella sua effettività: tribunali, notariato, avvocatura, amministrazione pubblica, etc., e tutto nasce della consuetudine.

Alla fine il diritto è posto da colui che ha la autorità di porlo, di renderlo "positivo". "I Signori del Diritto" raccoglie un ciclo di otto lezioni tenute in Inghilterra che l'autore di tale libro ne mostra la differenza tra il diritto continentale e quello britannico. I Signori del diritto sono in tutte le epoche storiche, sono quelli che in una determinata epoca storica hanno una grande influenza sulla produzione del diritto (se non esclusiva).

I Signori del diritto sono i giudici, i legislatori, i giuristi. Assumendo una chiave di lettura desunta dall'autore il libro si fa proprio senza difficoltà nella comprensione. Mai il diritto è stato esclusivamente soggetto a soli legislatori, o solo giuristi, o solo giudici, ma il diritto è la combinazione delle diverse fonti del diritto. Comprendendo come i signori del diritto si sono atteggiati durante tutte le epoche storiche, si ha già una formidabile chiave di lettura del libro. Ogni età vede il prevalere di una categoria sull'altra, prevalere più meno netto.

Alto Medioevo
Gli unici intellettuali erano i chierici che indicavano agli altri chierici gli studi.

- Legislatori: *lex* non vuol dire atto d'*imperium*, la sua concezione è diversa, e sta per trascrizione messa per iscritto del diritto (preesistente in forma di consuetudine). Nell'alto Medioevo la *Lex* è la lettura della realtà, lettura della trascrizione delle consuetudini orali. Non è quindi un'età di legislatori.

- Giuristi: ovviamente vi sono qui e lì scuole di giuristi, ma nessuno lo fa per mestiere, nessuno scrive pubblicando, nessuno insegna.

- Giudici: i giudici sono la sola figura presente. Nell'Alto Medioevo la giustizia è il problema principale; *Rex* è sinonimo di *iudex* e viceversa. La fonte primaria del diritto è la consuetudine.

Basso Medioevo
Nasce l'Università ed il diritto si rende autonomo dall'etica, dalla teologia, e quindi nasce la nuova figura d'intellettuale (laico, v. Pietro Abelardo).
- Legislatori: Non è più tutto del tutto come il primo Medioevo in quanto si costituisce un Regno che è quello di Sicilia in cui il Re ha la pretesa di promulgare delle leggi, delle costituzioni, etc. Nel secondo Medioevo si ravviva tutto, e l'attività di ogni categoria.
- Giuristi: Eccelle la categoria dei professori universitari. Il diritto nasce dentro le aule universitarie. Il secondo Medioevo vede una grande fioritura del diritto giurisprudenziale, nato dalla dottrina.

Età Moderna
Nasce l'ufficio, nasce il grande tribunale. Prevale il giudice.

Età delle codificazioni
A primeggiare è la legge, che è data dal legislatore (al contrario dell'Alto Medioevo). La più grande scuola di diritto è la Scuola dell'Esegesi (in Francia). Se un giudice non riusciva ad applicare la norma del codice si chiedeva l'interpretazione autentica al Parlamento (che dava l'interpretazione originale).

In Germania nasce la scuola storica (poi pandettistica) che considera il professore come fonte del diritto (aggancio al diritto Medievale). Queste due scuole hanno influenzato moltissimo la Scienza giuridica italiana tra l'800 ed il 900, fino al punto che si dice che il diritto sia scritto già nella natura; per questo si studia ovunque il Diritto Romano (che si dice essere il più razionale e quindi naturale).

5. Esperienza della Chiesa

La Rota Romana è il supremo tribunale della curia romana ed è universale ed è l'unico rimasto. In passato vi erano la Rota di Firenze, il Parlamento di Parigi, Senato di Milano. Si è grande giurista in quanto si è grande giudice dei grandi tribunali, e si lascia memoria poiché nel corso del '500 e '600 si lasciano raccolte di sentenze, *decisiones* in cui si nominano i giudici che hanno giudicato. Il luogo di produzione del diritto passa dalle aule universitarie ai grandi tribunali. Se il diritto veniva prodotto all'università non vuol dire che non vi erano tribunali etc.

Nell'esperienza giuridica della chiesa le tre figure (legislatore, giudice, e giurista) si concentrano nella figura della stessa persona: il Papa. Che il Papa sia il giudice supremo nel foro esterno (ma anche nel foro interno) è una cosa abbastanza facile da capire. Il Papa è il giudice supremo dell'ordinamento ecclesiastico e ha giurisdizione nel foro interno (l'anima, in cui l'illecito è il peccato), e nel foro esterno (le azioni, in cui l'illecito è il reato). La linea di sviluppo di questo ragionamento inizia con il Diritto Canonico: il complesso di dottrine ed enunciati, divieti, comandi, del foro interno, è la teologia morale.

Il Vescovo è il giudice ecclesiastico (non secolare, non civile) ed esercita la sua giurisdizione attraverso il vicario. Nel campo del Diritto Canonico (foro esterno) il Papa è giudice supremo (giudice di ultimo grado), ed una volta ci si poteva rivolgere *omisso medio* (senza passare dai gradi precedenti). Il Papa si serviva di tribunali (*Audientia*: tribunale supremo del Papa).

Il confessore deve ascoltare l'autoaccusa, ed è vicario di Cristo. La confessione è riconciliazione. C'è l'istituto della dispensa: vi sono taluni peccati per i quali non può essere data l'assoluzione.

Il Papa sempre in qualunque momento è giudice supremo, e può fare un editto generale (*motu proprio*, senza interrogazione), un enciclica, una proclamazione, convoca il concilio, etc. Più spesso il Papa legifera in quanto giudice: con i *rescripta* rispondeva alle interrogazioni della periferia, in quanto il Papa era spesso un giurista. Il papa risponde con una *epistula* decretale, che è *ius inter partes* (non universale), ed il Diritto diviene "Comune" Canonico. Il Papa è un legislatore (*motu proprio*) supremo, giudice supremo, ed in quanto giurista pubblica le decretali.

Spesso il papa non promulga "leggi", ma le pubblica (in quanto già esistono nella consuetudine). Molti Papi del Medioevo furono eminenti giuristi come Alessandro III, Innocenzo III, Innocenzo IV (che pubblica commentari di Gregorio IX come quelli di Bartolo; e successivamente da Papa pubblica un commentario ad una suo opera-raccolta di decretali con i panni però di un professore universitario), quindi questa esperienza della Chiesa è molto particolare ed importante. E' nel periodo del tardo antico in cui si cominciano a vedere delle evoluzioni: Tardo impero, popoli germanici, la Chiesa, regni e leggi romano-barbarici.

L'Europa cerca diffusamente una identità, e la va a ricercare le passato medievale, rapportando culture varie come quella occidentale e quella islamica, etc. L'identità si costituisce da sempre in rapporto con l'alterità: l'altro è sempre un altro di un altro. Questo fenomeno è osservato dall'esterno in maniera neutrale. Il diritto commerciale (mercantile) è nato nel Medioevo, assieme a tanti altri diritti ed istituti utilizzati ad oggi quotidianamente. Molti di questi istituti trovato la loro scaturigine nel tardo impero, e bisogna interrogarsi quindi sull'etichetta "Diritto Romano" sotto la quale compaiono elementi sempre diversi: arcaico, preclassico, classico, postclassico, giustinianeo, pandettistico, etc.

Il *common low* è un'esperienza originalissima nata dall'incontro del Dritto Anglosassone (il diritto dei nativi) di matrice germanica (angli e sassoni) con un diritto nuovo di conquistatori stanziati lì (i Normanni). I Normanni che vengono in Sicilia stanziano la loro esperienza normanna in un territorio fortemente romanizzato, e nascono risultati differenti da quelli nati in Inghilterra. Quell'isola era la meno romanizzata della antica Europa. L'esperienza giuridica del *common low* è dal punto di vista giurisprudenziale quella più somigliante a quella del Diritto Romano classico: un processo formalistico guidato dalla rigidità delle *actiones* (Writz), aggiungendo degli espedienti per aggirare il formalismo dei Writz.

Nel tardo impero il Diritto Romano diventa qualcosa di profondamente diverso dal Diritto Romano classico, sia per il ruolo che ha l'imperatore (*princeps*), sia per l'organizzazione delle fonti del diritto: si comincia ad assumere il principe come unica fonte di produzione di diritto, raccogliendo tutte le fonti. La *maiestas*, e la *absolutio legibus* sono qualificazioni dell'imperatore, le quali cambiano di significato col tempo: prima la *maiestas* era la maggiore dignità del magistrato, in quanto il *princeps* era un magistrato, ed in ogni caso il *princeps* derivava la sua potestà, la sua *maiestas* dal popolo; *absolutio legibus* significava che il *princeps* in virtù del suo ufficio era esonerato da talune formalità del diritto in materia successoria, ma a partire dal III-IV sec. significa che il *princeps* è sciolto dalle leggi. L'imperatore fa la legge, è soggetto alla legge, è sciolto dalla legge. Nasce una teoria della sovranità in cui la *maiestas* dell'imperatore è così assoluta da poter derogare il diritto, da poter andare *contra ius* per poter correggere i difetti del diritto stretto: per ragioni equitative la legge applicata al caso concreto produrrebbe una *summa iniuria.*

Ciò mutua tantissimo alla rigidità del diritto stesso: vi è una propensione prettamente bizantina ad occuparsi di questioni teologiche. L'imperatore prende la qualifica di *divus et deus*: *lex animata in terris* (ed il Papa invece è solo *Canon Divus*), il diritto è l'imperatore, l'imperatore è la legge incarnata. Dopo Gregorio IX il Papa trova una forma appropriata per il suo ufficio: *plenitudo potestatis* (l'imperatore solo *absolutio legibus*).

Gli *iura* sono un concentrato della sapienza giurisprudenziale antica; le *leges* sono il diritto nuovo dell'imperatore. Il diritto ha solo l'imperatore come unica fonte e si costituisce questa dialettica (*iura/leges*). Il Digesto è una raccolta grandiosa del diritto antico, invece le *leges* sono le nuove costituzioni di Giustiniano.

Nella tarda romanità c'è una differente dialettica: diritto ufficiale/diritto volgare. L'*autoritas prudentium* aveva una influenza non vincolante: gli *iura* hanno valore in quanto sono stati promulgati nella forma del digesto da parte dell'imperatore.

6. Evoluzione del Diritto Romano

"Maestà" è un termine intriso di spiritualità, significato storico che nel tempo ha compreso diverse accezioni. In origine il *princeps* era il primo fra i cittadini romani, e l'imperatore assume una nomina nuova: *dominus et deus*, assegnando alla carica competenze e conoscenze di tipo teologico. A partire dal terzo secolo l'autorità dell'imperatore è distinta da popolo.

L'Europa del Diritto Comune vede un Diritto Romano profondamente differente dal Diritto Romano classico, ed il paradosso sta nel fatto che l'Inghilterra ha sviluppato un sistema processuale molto simile a quello della Roma classica: il problema è la contestualizzazione.

Carlo Federico Savigny, fondatore della scuola storica tedesca, ispira il Romanticismo giuridico in

Germania. Egli era contrario alla codificazione ed era ispirato al Medioevo. Tra tutte le grandi opere scritte di suo pungo, vi è "Diritto Romano attuale". Un'altra opera importante è "Storia del Diritto Romano nel Medioevo", con la quale si ricostruisce la Storia del Diritto che di solito viene chiamato Diritto Comune. Nella seconda parte del medioevo riemerge la compilazione giustinianea che diventa oggetto di studi nelle università medievali, e chi vuol diventare giurista si reca in una delle università europee in cui si studia la compilazione di Giustiniano. Nel secondo Medioevo invece viene studiato il Diritto Romano giustinianeo.

Ma vi è però in quest'opera un errore di prospettica in quanto si immaginerebbe un'entità metastorica ontologica (come se il Diritto Romano avesse una sua essenza immutabile) come oggetto nel Medioevo. E' vero che la compilazione giustinianea riemerge, studiata, maneggiata, conosciuta benissimo, ma non serve più all'originaria funzione: serve a costruire qualcosa di nuovo (allo stesso modo di come è stato fatto con i mattoni delle costruzioni romane). Attualizzando un diritto antico lo si tradisce, lo si strumentalizza per usi della società dell'epoca. Quindi non si parla di Diritto Romano nel Medioevo, ma di Diritto Medievale. Il modo d'interpretazione del Diritto Romano è variato ad ogni secolo.

La discontinuità semantica intacca la Storia giuridica e l'imperatore è l'unica fonte di produzione del diritto. Nella Roma classica abbiamo: *Leges* (leggi approvate delle assemblee di piazza), *Senatus consulta*, *Plebis scita*, *auctoritas prudentium*; nell'età giustinianea abbiamo: *Leges* (costituzioni imperiali) e *iura*. E' l'imperatore a decidere e raccogliere brani tratti dalla giurisprudenza romana. Ora la fonte di produzione viene quindi dall'imperatore che fa inserire il diritto nelle compilazioni. Gli *iura* è diritto antico, le *leges* sono diritto nuovo. Alla fine del secolo XIII si intensifica la produzione imperiale: c'è un ruolo preminente delle *leges*.

Una dialettica importantissima è quella tra diritto ufficiale e diritto volgare: la dialettica sottintende una visione della storia procedurale come una sequenza di fotogrammi. La storia come la vita umana non è un album di fotogrammi, ma è una sequenza infinita. La fotografia immobilizza la realtà ma la realtà non si lascia immobilizzare, è dinamismo, è prassi, è pratica: la vita del Diritto, dell'Economia, della Scienza non è il risultato di uno svolgimento senza capirne l'origine, ma è il risultato di polarità, dialettica, scontri, incontri, etc. La dialettica vuol dire che nella realtà (in senso hegeliano) sono all'opera delle polarità che fanno muovere il diritto.

La dialettica *iura/leges* non è la somma ma è la vita pulsante del diritto nel confronto/conflitto che nella polarità è realmente operante nel rapporto tra antico e nuovo. Se è operante la dialettica non si esaurisce la fonte di produzione del diritto: nel tardo impero *iura* e *leges* non esaurivano l'esperienza giuridica. Tutti i filoni del diritto non stanno separati, ma si affiancano ed interferiscono fra di loro molto spesso. Per le emergenze della vita associata di qualsiasi genere, nascono nuove tutele, nuovo diritto, nuove soggettività, nuove regole, etc. Non tutto il diritto si esauriva nel diritto ufficiale, ma volgare non è un termine utilizzato dalle fonti, allo stesso modo non veniva utilizzato il termine (sostantivo) intellettuale, ma veniva utilizzato (aggettivo) contrapposto a *carnalis*.

Il diritto volgare è tutto ciò che non viene considerato ufficiale, in quanto consuetudinario, e cominciano a comparire istituti giuridici consuetudinari che si impongono per le esigenze di vita da quel momento, per l'emergenza dei fatti, per l'urgenza, la necessità, l'indispensabilità, etc. Vi è un ruolo della consuetudine che si fa sempre più prioritario e preminente e la prassi è romano-volgare, tutto basato sul generale clima di insicurezza a causa del crollo dell'impero e delle invasioni: c'è una prassi che si istaura al di fuori del diritto ufficiale.

Questa prassi romano-volgare deriva dalla concentrazione in poche mani della grande proprietà fondiaria: nascita del latifondo. All'interno di questi processi vi sono paesaggi differenti tra Est Europa e Ovest Europa: l'Ovest si modifica in "Medioevo", ed ad Est c'è ancora l'impero (tardo ed incerto). In questa prospettiva nascono due istituti tipici del diritto romano-volgare.

L'istituto del "colonato", che già esisteva nel Diritto Romano, e nel Medioevo riaffiora per altri motivi e sotto altri aspetti: il latifondista ha l'interesse di legare al latifondo un colono, e comincia a nascere un rapporto di dipendenza personale tra uomini liberi (non tra liberi e schiavi). Comincia a nascere quella espressione "dell'uomo manente" cioè di uomo legato alla terra a tal punto di essere alienato assieme ad essa. Il colono è obbligato a prestare giornate lavorative al padrone.

7. Diritto Germanico

Le università medievali nascono nel momento in cui vi è la fusione dei docenti/ricercatori: insegnamento e ricerca scientifica. L'università nasce quando vi è qualcuno che imparando per se insegna agli altri. L'università nasce quando vi sono docenti che studiano per sé, e trasmettono il sapere agli altri. Nel tardo impero era in atto una dialettica che serviva a raccogliere tutto quel fascio consuetudinario dell'antichità, poi definitivamente raccolto nell'Alto Medioevo. Sebbene ci sia stata una semplificazione delle fonti, *leges et iura* non esaurivano le manifestazioni giuridiche. Esisteva quindi una sfera consuetudinaria che emergeva con determinazione e nel primo Medioevo si assiste al ruolo preminente della consuetudine sulla legge: convive il Diritto Romano giustinianeo ed il diritto volgare. La fonte era la vita, i fatti, l'emergenza, problemi nuovi. Questa è una società che va gerarchizzandosi sempre di più e si fa assai scarsa la mobilità: si cristallizza la piramide sociale e diventa difficile scendere e soprattutto salire.

C'è una crisi delle grandi vie di comunicazione: le strade che percorrono l'Europa sorgono sui tracciati delle antiche strade consolari. L'uomo di quel tempo comincia ad avere un rapporto di dipendenza dalla natura e comincia ad istituirsi una esigenza di nicchie protettive, protezione di una guida, di un signore (un privato, il pubblico non esisteva). Esistono forme di dipendenza personale fra uomini liberi (colonato, senza schiavitù o asservimento). Vi è una forma di assoggettamento tra uomini liberi e fuori dallo schema del Diritto Romano il rapporto che lega un individuo ad un altro non è determinato dalla figura dell'obbligazione e contratto (obbligo che nasce da una parte nei confronti dell'altra), ma è determinato dallo *status* (condizione giuridica). La dipendenza di un uomo nei confronti di un altro uomo non dipende dalla decisione contrattuale tra i due, ma da un rapporto di *status* regolato da certe regole. Nasce la servitù della gleba e questo rapporto è regolato dalla consuetudine.

La *Pars Orientis* soffriva di un eccessivo intollerabile odioso prepotente fiscalismo imperiale: i funzionari bizantini trattavano queste terre come terre da cui trarre maggiormente risorse, quindi i contadini erano continuamente vessati da un sistema fiscale di tipo tirannico, sicché alcuni di questi liberi proprietari, anche di fondi cospicui, trovano utile mettersi sotto la protezione di un proprietario che è latifondista, poiché aveva anche una sua forza militare ed un esercito privato.

Contro il potere centrale ufficiale questi proprietari si mettevano sotto la protezione di un latifondista: donavano la loro terra al latifondista il quale gliela rendeva sotto forma di colonato (*patrocinius*). Il *patronus* esercita un potere di natura pubblicistica: difende con la forza delle armi, guida la giustizia e si fa tutore delle terre, comincia ad intravedersi una frantumazione del potere il quale si divide in tanti rivoli (privatizzazione del potere "pubblico").

La prima ondata di invasioni barbariche era semplicemente uno stanziamento di popolazioni nomadi germaniche insediatisi nei territori della latinità. Le popolazioni dei campi vivono in condizioni di asservimento e cercano protezione presso qualcun altro forgiando catene ben più forti: il successo della penetrazione è dovuta soprattutto alla crisi del mondo latino (la popolazione vide l'insediamento germanico come una liberazione). Vi è una sensibile ineguaglianza giuridica, ed i rapporti tra i liberi assomigliano sempre più al mondo germanico.

La tipicità dell'ordinamento germanico si sostanzia nella consuetudine (la legge scritta non esiste) ed i momenti aggregativi sono tutto: nella cultura tedesca da sempre esistono due termini che si specchiano e si contrappongono che hanno un equivalente anche in italiano: comunità e società. Nella lingua tedesca questi due termini fanno parte di una dialettica in cui comunità è associazione libera ed indipendente (contrario di società: associazione dipendente). Quegli elementi intravisti nella tarda romanità (guida, protezione, etc.) si fondono con quelli della società militare germanica. Bisogna immaginare società ed esercito come confluenti nella stessa comunità: popolo germanico. I popoli germanici primitivi sono nomadi e vivono di caccia e bottino, senza agricoltura: la guerra è fondamentale come per mestiere. I principali momenti aggregativi dei popoli germanici sono:

- La Famiglia (i rapporti tra i componenti sono giuridici, anche laddove non vi sia diritto: in capo al padre di famiglia non sta assimilabile la *patria potestas*: essa non è mai del tutto piena ed assoluta, ma essenzialmente integrativa poiché formata da quello scarto di autodifesa del figlio e di potestà *"surplus"* del padre: i figli maschi sono guerrieri e sono in grado di difendersi.

- La *Sippe* (Il Clan familiare) è un insieme di famiglie (nuclei) che vantano un comune avo che naturalmente ha un ruolo di guida e protezione.

- Il *Comitatus* (séguito): un guerriero particolarmente valoroso che è stato percepito dalla comunità di quel popolo come figura leggendaria, capo militare con un suo séguito. Un soggetto libero della società germanica può allo stesso tempo far parte di un séguito, di un clan e di una famiglia.

- Popolo-esercito: l'intera società è formata dal popolo-esercito. I Germani erano un gruppo etnico non scisso tra popolazione civile ed esercito: la popolazione, nello spostamento nomade, va assieme sicché si è individuata una unità fondamentale dello stanziamento (cosa avvenuta con i longobardi in Italia).

Nel popolo longobardo il clan era chiamato *"fara"*: quando essi vennero in Italia la conquista avvenne con l'avvento di *fara* guidati ciascuno da un capo militare.

Nel Friuli viene formato il primo ducato longobardo. Una *fara* conquista il Friuli e si stanzia lì, gli altri si spostano e vanno a conquistare altri luoghi: ad ogni conquista resta un *fara* (clan, *sippe*). I ducati longobardi non sono altro che clan, cioè *sippe*, cioè (nella loro lingua) *fara*. Una comunità militare può avere successo a condizione che vi sia una compattezza interna: la presenza del nemico unisce e crea armonia. La società germanica è una società comunitaria in quanto un ruolo preminente è dato all'assemblea: il ruolo giudiziario non è attribuita ad un giudice; i primi giudici emanavano sentenze dal carattere meramente dichiarativo. La giustizia germanica è essenzialmente **privata**. L'accezione "privata" non ha lo stesso significato attuale (non era di guerra di tutti contro tutti o farsi giustizia da sé), ma il significato di far consolidare un'armonia all'interno dei clan.

La giustizia "privata" serve a ristabilire riequilibrio mediante la faida (primo degli istituti del diritto germanico primitivo entrato in contatto coi popoli latini); la *compositio* serve a risolvere le liti familiari mediante prestazione in denaro (composizione pecuniaria), ma non è un risarcimento, è un modo per equilibrare. Nella giustizia germanica non si fa differenza tra civile e penale, perché i torti subiti nel civile e le offese nel campo penale nella visione germanica sono accomunati dall'unica visione: l'offesa qualunque è comunque fatta al Re, in quanto si indebolisce la forza militare del popolo-esercito.

La prova della verità processuale si conseguiva attraverso tre procedimenti: *sacramentum* (giuramento: oggi è un elemento non fondativo come allora, e lo spergiuro era inconcepibile in quanto peggiore dei crimini e dei peccati), ordalie (giudizio di Dio: carboni ardenti, acqua gelida: poiché la divinità assiste chi ha ragione) e duello giudiziario (processo giudiziario: chiedere alle parti di fronteggiarsi in duello giudiziario e chi soccombe ha torto, rappresentati anche in prima persona). Il processo germanico (che diviene tipo della società alto-medievale) vede un giudice e due parti che litigano per una qualche ragione: il giudice non dà mai una sentenza costitutiva ma solo dichiarativa, bisogna immaginarlo come il garante dell'osservanza delle regole processuale (decidere a chi spetti l'onere della prova), e la sentenza è solo una presa d'atto della prova.

Il giudice poteva chiedere il *sacramentum* a favore per un attore/convenuto da parte di cinque persone.

8. La giuria

Presupposto del Medioevo è che la legge risiede nei fatti: non c'è un potere che pone la legge. La consuetudine è di per se evocatrice di un intimo rapporto tra fatti e diritto. L'assemblea viene riunita per deliberare sulla questione delle consuetudini. La vita del diritto consiste nella certezza ed il problema dei medievali è proprio sulla certezza del diritto. Le consuetudini germaniche si modificarono, si evolsero verso una direzione di rettifica: l'assemblea viene convocata per certificare la consuetudine (non per crearla). Nascendo nuove tutele e nuove condizione è necessario cristallizzarle mediante deliberazioni d'assemblea. Col tempo alcune consuetudini divengono desuete e non sono più applicabili alla realtà modificata: certificare rendere certe quelle consuetudini per le quali si poteva nutrire incertezza.

Le decisioni, per la certificazioni delle consuetudini, vengono prese dagli uomini liberi. Nell'Alto Medioevo c'è un processo ordalico di matrice germanica fondato sulla giustizia privata. C'è un momento in cui questo modello viene contaminato da forme nuove: un modo diverso di intendere il processo (l'inchiesta: *inquisitio*). Quando non si può affidare alla giustizia privata la soluzione della controversia interviene la prova ordalica, il giuramento, il duello giudiziario (è la divinità che assiste chi è nel giusto).

Da una parte vi è il processo formale altomedievale, dall'altro quello inquisitore in cui un giudice *motu proprio* indaga per raggiungere la verità processuale. Su questi due modelli si gioca la polarità del processo medievale incontrandosi nell'Alto Medioevo. I giudici devono accertare che una consuetudine (per poter aver valore) sia ancora presente all'interno di una comunità (o se ci siano varianti, modifiche, contaminazioni, etc.) I giudici sospendevano le cause orali ed intraprendevano l'*inquisitio per testes* (testimonianza collettiva giurata) per accertarsi della consuetudini (ed il relativo contenuto). La testimonianza è un uso processuale dei testimoni (non centra nulla col processo ordalico) in cui questi giurano collettivamente. Veniva nominato in giudizio a testimoniare un numero dispari di uomini degni di provata fede/fama (reputazione) sulla esistenza della consuetudine.

Nel Medioevo si presumeva che lo sguardo di ciascuno si fosse incrciato prima o poi con lo sguardo di tutti gli altri (sistema di perfetto controllo sociale tipico del Medioevo); il crollo del Medioevo si ha con il tramonto della trasparenza, ogni uomo non era più facilmente riconoscibile, etichettabile. Ciò che avrebbe ingosciato sarebbe stato la non riconoscibilità (fama, stigma, reputazione, *vox media*). Tutti gli individui hanno una fama: alcuni hanno una "*bona*", altri ce l'hanno "*mala*" (la fama). Dire una testimonianza di sette uomini di *bona fama* è dire di trovarsi in una società in cui la trasparenza è tutto e regolazione dei processi sociali. Chiamare a testimonianza sette uomini di buona fama è chiamare sette rappresentanti emblematici del controllo sociale (sette persone sicure nel guidare la società non nel potere ma nella saggezza, umini su cui nessuno può discutere). Vale il principio della *medior pars* (Né *sanior*, né *maior*): questi testimoni giuravano collettivamente (non era una somma ma un giuramento unico) dando il contenuto di una consuetudine.

La giuria inglese e nordamericana traggono origine dalla testimonianza collettiva giurata altomedievale. E' utile distinguere Alto e Basso Medioevo in quanto ciò è operante nella realtà: c'è un processo tipico nel primo, ed uno nel secondo Medievo. Quello del primo trova le sue origini nel diritto dei popoli germanici in cui non c'è nulla di scritto (a differenza del secondo Medioevo). C'è un problema particolare: la scrittura non è consustanziale al processo che è orale e pubblico. Nel secondo Medievo il processo è scritto e segreto: la scrittura è costitutiva del processo. Il processo del secondo Medioevo è inquisitorio (tranne i casi di accusa e denuncia) prende avvio dalla iniziativa del giudice: nasce per rispondere alla lotta contro gli eretici, lotta antiereticale, pericolo gravissimo secondo la Chiesa. Il modello processuale dell'Alto Medievo è inquisitorio e si declina in materia diversa in base al luogo, al tribunale, al diritto, etc, è un processo formale, soprattutto nel soddisfacimento della prova.

Nonostante il modello del processo altomedievale sia di tipo germanico, ordalico, orale e pubblico, compaiono delle forme processuali ispirate alla *inquisizio* e compaiono in campi non propriamente tipici della giustizia. Un altro campo in cui si applica e sperimenta è il campo dei testi sinodali. La Chiesa dei primi secoli elegge i vescovi (non li nomina) e non esiste la confessione auricolare[6]. Un sinodo[7] si apriva di solito con una testimonianza collettiva giurata con sette uomini degni andando ad elencare dei peccati più comuni commessi all'interno di una diocesi[8]. Il *rex* nella tradizione altomedievale è il capo di un popolo (matrice germanica) di guerrieri, di un clan (il più influente), ed è eletto dal popolo (poi nominato

---

[6] La confessione è pubblica e non reiterabile: la si fa una sola volta nella vita in prossimità della morte.

[7] Assemblea di Vescovi suffraganei (delle diocesi minori) presieduta dal Vescovo Metropolita (della diocesi maggiore).

[8] Provincia ecclesiastica configurata sul modello romano dell'età postclassica, dove a capo non è il governatore, ma il Vescovo.

ereditariamente): è un grande latifondista (in quanto i regni medievali erano immersi nella forma del privatismo), ed ha due tipi di terre (privata da *Dominus* e regale da *Rex*). Il *Rex,* scelti sette uomnini fededegni, commissionò una creazione di un catasto per la catalogazione delle terre del regno.

Il ruolo degli antichi testi giurati andò modificandosi da quello della testimonianza a quello della denuncia. Il testimone collettivo prese sempre più la fisionomia di un denunciatore collettivo. Un processo si avvia perché c'è o un accusatore o una denuncia: un giudice decide di svolgere un'inchiesta su un qualsiasi argomento. Se non c'è un denunciatore l'inquisitore avvia la procedura perché circola una voce pubblica, una diceria etc. Il processo inquisitorio prende impulso *ex fama* (col significato di diceria con qualità negativa) e si trasforma il denunciatore da individuale a collettivo (come l'attuale polizia). Nell'Europa occidentale ha origine la giuria (Gran Bretagna).

Nel 1070 vengono realizzati questi processi e si applicava la legge dei longobardi come diritto vigente e si applicava il modello del duello giudiziario.

Il Concilio lateranenze IV del 1215, presieduto da Innocenzio III, vieta il duello giudiziario (chiamato *purgatio vulgaris*).

9. Il Processo scritto

Nel lungo Medioevo si sono succeduti due modelli fondamentali: un processo altomedievale, ordalico, di matrice germanica, ed un processo di inquisizione (romano-canonico) del secondo Medioevo. Fu l'emergenza eretica a spingere verso il processo inquisitorio. Il primo è orale e pubblico fondato su prove irrazionali, il secondo è scritto e segreto fondato su prove razionali.

Il duello giudiziario nasceva sul presupposto che la divinità avrebbe aiutato la parte lesa che meritava giustizia. Più che documenta ed allegata era la testimonianza a dare maggiore rilievo nel secondo processo. Nella ricerca della verità processuale oggi vale più la prova documentale che la prova testimoniale, ma nell'età medievale vi è un ribaltamento di questo rapporto: si dava un maggiore, se non esclusivo, rilievo alla voce del testimone. Vi era un rapporto antropologicamente diverso: una persona sotto giuramento è molto più affidabile di un documento scritto e ciò ci fa capire come il valore del testimone e giuramento vale per entrambi i periodi del Medioevo, ma la differenza sta nella segretezza e nella scrittura.

A partire dal passo evangelico ("[...] due o tre riuniti nel mio nome [...]") la chiesa indica due o tre testimoni necessari, ma l'ordinamento civile medievale prevedeva sette od otto testimoni. La Chiesa ha sempre espresso una forte diffidenza nei confronti dei mercanti, e tuttavia questi due mondi sviluppano degli elementi comuni: speditezza ed efficacia del procedimento, velocità, etc. Il mondo della Chiesa ha le stesse necessità di speditezza del mondo commerciale, per la lotta all'eresia, all'errore, al peccato, al male, etc. quindi c'era maggiore valorizzazione alla velocità. Ad accomunare i due diritti (Canonico e Commerciale) vi era l'equità (Temperamento come ammorbidimento del rigore, o deroga a principi lesivi in certe circostanze per non provocare una *summa iniuria*).

Le prove erano quindi irrazionali nel primo Medioevo e razionali nel secondo Medioevo, in cui si costruisce una aritmetica delle prove, comprimendo la libera decisione del giudice: attraverso un meccanismo logico risulta la giusta soluzione del caso che si emana come sentenza. Il libero convincimento del giudice (*Arbitrium*) viene compresso a favore delle prove poste aritmeticamente che il giudice non poteva eludere. Esisteva il metodo della prova legale (due valide testimonianze, la fama intesa come conoscenza diffusa di un avvenimento, gossip, ed altro, p.es.: due dicerie equivalgono ad una testimonianza, etc.).

C'è un cambio di mentalità sul rapporto che l'uomo ha con la scrittura: nell'Alto Medioevo vi è un mare magnum di oralità e la consuetudine è la fonte primaria del diritto; nel secondo Medioevo la scrittura è un fatto costitutivo del diritto (e non semplice trascrizione). Così come il cristianesimo è una religione del libro (come l'Islam e l'Ebraismo), così il diritto ha come fondamento un testo: il testo giustinianeo.

Se nelle scuole teologiche si leggeva il vecchio ed il nuovo testamento, nelle facoltà di diritto si leggeva il testo giustinianeo. In Inglese lezione si dice "lecture" derivante da "*Lectura*" risultato di un'antica tradizione in cui la lezione si sostanziava in una lettura sulla base di regole determinate. Leggere un testo è anche interpretazione e svisceramento della "*littera*": la parola lettura ha la sua radice nel verbo leggere e nel latino medioevale vi era però una vasta gamma di significati per tale termine di gran lunga superiori.

Nel latino medievale leggere significa tre cose diverse: leggere a te (tenere una lezione a voce alta), leggere da te (ascoltare la lezione fatta a voce alta), leggo per me (per proprio mio personale conto ed interesse anche in silenzio). La storia dell'Università è un intreccio continuo di questi tre significati: Insegnamento, studio e ricerca. L'uomo del primo Medioevo ha un rapporto con la scrittura e l'oralità diverso da quello dell'uomo del secondo Medioevo. Il Medioevo è la civiltà del libro (che l'ha inventato, poiché prima non c'era), prima del quale c'erano solo rotoli di carta. Il *folium* era pelle di pecora piegata in quattro (*quaternum*) ed utilizzato per scrivere in assenza del libro. La parola *codex* vuol dire involucro e contenuto di un libro: il medioevo è una civiltà del testo ed il giurista ha una rapporto col testo quasi sacrale.

Il Diritto ha un che di sacro (si parla di sacerdoti del diritto), quindi il *codex* è un testo sacro, con i relativi custodi che verifichino la genuinità del testo certificato: il sacerdote del diritto era *Lex Animata in Terris*, come il Papa era *Canon vivus*.

Sul piano delle declamazioni i giuristi sono fedeli al testo, sul piano dell'interpretazione vi è una disinvolta infedeltà al testo (il testo era già vecchio di secoli, ed il modo di renderlo attuale era forzarne il significato, e la lettura quindi è una forma di interpretazione della legge). La parola tradire ha la stessa radice delle parole *tradictio*, tradurre, tramandare: quando si traduce si tradisce. Anche i teologi hanno un rapporto ambivalente col testo.

In tutta la Storia giuridica uno degli indicatori utili a noi per capire la tipicità è il rapporto dell'interprete nei confronti del testo perché questo rapporto può essere più o meno creativo o libero. Nel *Code Civil* di

Napoleone l'interpretazione era molto limitata, ma storicamente l'interpretazione è pressoché libera. Vi è un rapporto dinamico con la libertà dell'interpretazione e nel periodo del Diritto Comune la dottrina ebbe un ruolo preponderante. Nel campo della Teologia (dove ci aspetteremmo una fedeltà strettissima al testo) lo sviluppo è avvenuto mediante una costituzione di scienza con procedure, apparati, ceti, etc. operando una operazione importante: vi è una distinzione tra Teologia e sacra pagina. Il campo degli studi sulle scritture cambia da sacra pagina a Teologia quando si capisce che non tutta la verità è contenuta nel solo testo e ciò vale non solo per la religione ma anche per il diritto.

Nel campo giuridico quindi possiamo dire che il testo giustinianeo conteneva molta verità, ma non tutta: il legislatore romano non potrebbe aver preveduto tutto, e l'opera creativa fa riferimento ad una rigorosissima interpretazione logica. Sul testo viene costruito un altro testo composto dal giurista. Nella Teologia nasce la dottrina scientifica qualora vengono poste domande che non vengono risposte nella scrittura, ed una delle domande che angoscia ed interessa l'uomo da molto tempo viene fuori nella scuola del medioevo: *"Cur Deus Est?"*[9] E' una

---

[9] Perché Dio esiste?

domanda legittima ed è argomento di Teologia. La scrittura è costitutiva del Diritto e della Teologia e l'interprete non è un passivo recettore della scrittura ma una sorta di creatore di Scienza.

Nel campo dell'esperienza giuridica dogmatica vi è l'importanza della comunità, del singolo, i momenti aggregativi della società germanica, il ruolo del padre di famiglia, tendenze comuni con l'esperienza del tardo impero, con questo grande oceano dell'oralità. Alcuni caratteri della Chiesa Romana, tardo antica, sono decisivi per comprendere lo sviluppo del Medioevo fino all'età moderna. Importanti sono i rapporti tra Impero e Chiesa, rapporto tra diritto divino e diritto umano, le fonti del diritto umano ecclesiastico, l'organizzazione ecclesiastica, le diocesi, Chiesa e società.

E' frutto di una lettura ingenua immaginare che il rapporto tra latinità e mondo germanico sia stato tutto di invasioni come "esternità internata", anche il rapporto tra romanità e cristianesimo va rivisto: uno storico ha dimostrato che la decadenza della pratica dei gladiatori non è tanto legata all'avvento del cristianesimo, ma è più legata ad un cambio profondo della mentalità per avvento della filosofia stoica. La filosofia stoica si realizza nei secoli della tarda antichità in cui il cristianesimo ha attecchito e sviluppato con grande successo. E' molto semplicistica quella idea secondo cui il mondo romano, le idealità, la materialità erano in completa contraddizione con l'orizzonte del cristianesimo: la società romana era pervasa da correnti di pensiero che già circolavano e si coniugavano benissimo con il cristianesimo e perché molto dei primi padri della chiesa non venivano da un altro mondo ma erano degli intellettuali romani, uomini di cultura che alla conversione fanno valere una profonda educazione giuridica d'impianto romano.

I Germani quando arrivano posseggono già un rapporto continuo con la latinità, e così pure la chiesa con la latinità. Il Cristianesimo dei primi secoli, sebbene in contrasto con i principi romani in contrasto con il cristianesimo, assunse a modello l'idea dell'impero (depurato da tutti i modelli spuri e bui) come modello da imitare, grazie agli intellettuali nutriti della cultura latina. Assumere l'*imitatio imperii* significa assumere la plurisecolare inclinazione cattolica (universale)[10]. Agostino prima di essere cristiano era manicheo, ed Ambrogio era un professore di retorica. I Cristiani fondatori erano ex "romani" con l'idea di religione di successo universale: per far sì di diffondere in modo imperiale la religione (universale).

---

[10] Il termine "Cattolico" deriva dal Greco καθολικός, cioè Universale, secondo il tutto.

L'idea dell'impero universalistico viene assunta dalla latinità: inglobare il mondo sotto un'unica religione.

Vi fu una grande intuizione di Costantino il quale capì in una fase storica di aprire l'impero romano alla cristianità, come nuovo cemento penetrante e stabile. Se l'editto di Costantino fece uscire i cristiani dalla clandestinità, il trattato di Tessalonica (380) di Teodosio fece del Cristianesimo religione dell'impero. A Bisanzio gli imperatori sempre più si occuperanno di organizzazioni ecclesiastiche, fideistiche e teologiche. Gli imperatori pretesero di partecipare a pieno titolo ai concili ecumenici.

L'*Episcopalis audientia* è quel privilegio che viene accordato ai vescovi di poter dirimere controversie in materia civile. Il Vescovo è il capo di una provincia ecclesiastica, a stretto contatto col suo clero, è una persona autorevolissima vista come guida spirituale da tutti i fedeli/cittadini. Per qualsiasi natura di caso i fedeli/cittadini si recavano dal Vescovo, ed il Vescovo esercitava questo ruolo ed in questo contesto nasce il decreto al riguardo: il risultato era che il Vescovo aveva bisogno di un tribunale e di una corte (con giudici vicari), e così la Chiesa comincia a nascere come ordinamento giuridico. La *manumissio in ecclesia* era una sorta di liturgia in cui il dominus poteva liberare (durante la messa) il proprio servo. La liberazione degli schiavi si tingeva di sacralità, essendo *in ecclesia.* Nella Chiesa antica la confessione era pubblica e non reiterabile: il peccatore pubblicamente manifestava i suoi peccati e si riconciliava con la Chiesa.

Gli uomini a quel tempo tendevano a rimandare questo momento così drammatico alla fine, donando i beni alla Chiesa *"pro anima"* (per la salvezza dell'anima: indulgenza). Una quantità enorme di donazioni *pro anima* comporta la nascita della Chiesa come latifondista, come potestà giurisdizionale, patrimoniale, etc. Il Vescovo diventa titolare di un grande latifondo, e quindi i latifondisti hanno l'interesse a collocare i rampolli delle famiglie nella gerarchia ecclesiastica. La Chiesa prima della riforma gregoriana finisce per produrre un costante pericolo di cesaropapismo (funzioni di natura sacrale e temporale in capo ad una stessa persona).

10.Imitatio Imperii

C' è un vezzo da parte dei giuristi positivi che per fortuna ormai si è appannato, non è più presente come nel passato, il quale comporta lo studio di taluni istituti preceduti da una introduzione storica, ed è un pessimo modo di lavorare: è una pretesa di vedere i precedenti. L'idea stessa di precedenti o di principi dà l'idea di un punto d'origine in cui tutto era già scritto; aristotelicamente si potrebbe dire non nella realtà ma almeno in potenza pensando alla storia come uno svolgimento storico. L'espressione "svolgimento storico" vede la storia come un principio che contiene il tutti in modo lineare. Il concetto di principio è come dire: l'uomo nasce (avendo in potenza tutto quello che diventerà, ma non è vero).

Ogni età non nasce: è un divenire di un qualcosa che non ha principio e fine, cioè il "divenire". Siamo convinti che c'è una sovrabbondanza di fatti storici ma in realtà i fatti storici rispondono alla rarità e non alla sovrabbondanza (per ogni fatto storico ci sarebbero potute essere un'infinità di possibilità). Il Cominciamento è l'apparizione di quei taluni elementi cardine indicatori che ci fanno capire che "qui sta per nascere un età". La genealogia del Medioevo produce quel momento processuale in quanto è risultante del residuo dell'esperienza germanica e tardo antica.

Per tutto il Medioevo si è sempre, a partire della fondazione del Sacro Romano Impero, rappresentata la società politica medievale come caratterizzata dalla guida delle due spade (due supremi regitori: Papa e Imperatore). L'impero e la Chiesa coprono l'orizzonte stesso dell'occidente per quel tempo della cristianità: un soggetto nel Medioevo era al contempo suddito dell'impero e fedele di Cristo, e si ritiene che il

Medioevo sia governato da questi due poteri. Il mondo medievale è attraversato da questa idea universalistica: mondo in cui l'uomo non poteva immaginare una porzione caratterizzata da limiti spaziali in cui la sovranità è il territorio. La *Respublica Christiana*[11] ha due supremi reggitori: *Papa et imperator.*

Nonostante sul piano delle enunciazioni papato ed impero siano rappresentati sullo stesso piano con scopi diversi (autorità secolare deve garantire il bene comune con fine intramondano, l'autorità del papa deve garantire una spiritualità ultramondana) in realtà le condizioni erano del tutto diverse. Si aveva un'idea di Medioevo come modello in quanto ideale, ma se ci spostiamo sul piano della realtà scopriamo che l'impero non faceva far valere il suo potere e le articolazioni del suo potere.

L'imperatore in realtà era un sovrano lontano che stava in Germania (con la dinastia degli Ottoni): l'unico esempio di imperatore che sta fuori è Federico II, figlio di un tedesco, il quale soggiorna lungamente in Puglia ed in Sicilia. L'impero medievale non era una struttura simile alle strutture monarchiche burocratizzate, militarizzate, etc. Dal più piccolo villaggio alla più grande città l'impero era invisibile:

---

[11] Così fu denominata l'Europa antica fino alla scissione orizzontale tra Cattolicesimo e Luteranesimo.

non c'erano né ufficiali, né tribunali, né esercito sparso, né caserme, né altro. L'impero è esemplato a quello romano ma con tendenza al cattolicesimo, ma non è una realtà vivente. La Chiesa invece è una entità vivente che fa sentire la sua presenza, la sua influenza, il suo radicamento sociale dal più sperduto villaggio della Normandia al più sperduto villaggio della Puglia o della Spagna. La Chiesa copre l'intero territorio Europeo mediante abbazie, monasteri, conventi, ordini religiosi, diocesi dal clero secolare (il clero regolare sono i monaci, quelli secolari sono i presbiteri), chiese di tutti generi, confraternite, con tutto il fervore religioso che si traduce in istituzione in Diritto, Diritto Vivente.

Nel confronto tra Chiesa e Impero, la Chiesa è una realtà vivente, l'impero è un ideale, e ciò ha molto a che fare con l'interpretazione e la formulazione del diritto che è endiadi di Diritto Canonico e Diritto Civile (in Diritto Comune, che è un congegno che serve ai giuristi per comprendere il limite tra Canonico e Civile). L'*imitatio imperii* è stata trovata nei padri della Chiesa (Ambrogio, Agostino) che avevano un ricordo di romanità essendo figli della latinità. Il Diritto Romano viene epurato e come ideale universalistico viene adoperato dalla Chiesa ad imitazione. Senza l'impero il cristianesimo non avrebbe avuto la fortuna che ha avuto.

La genealogia del Medioevo si ha qui: nella *imitatio imperii* da parte della Chiesa dell'Impero Romano. Il cristianesimo costruisce anche con materiali antichi: categorie universalistiche della romanità, cattolicità, latinità, epurando e sostituendo lo stretto necessario. La cristianità ha subito due scissioni: la più recente è quella protestante che pose fine all'universalismo medievale perché l'Europa venne riformata e divisa in Nord (protestante) e Sud (Cattolica); ma prima, nell'XI, vi fu una frattura verticale in cristianità di oriente e cristianità d'occidente. La questione principale è il Papa: i scissionisti non riconoscono il Papa come grande patriarca o capo della Chiesa, ma ciò è il frutto di una consapevole opzione politica della Chiesa romana, perché prima dei franchi non si riteneva il Vescovo di Roma il capo di tutta la Chiesa: si riteneva che era molto influente, così come il Vescovo di Costantinopoli, etc.

Quando il Vescovo di Roma si accorda con i Franchi e sconfiggono i longobardi costituendo l'impero sacro e romano (Sacro Romano Impero, che è un impero medievale cattolico, e non ha niente di romano), è uno spostamento dell'asse politico cristiano da Oriente a Occidente: mentre prima il centro di gravità era Oriente, con la creazione del Sacro Romano Impero vi fu un decisivo cambiamento dell'asse politico ad Occidente, che aprì una fase nuova fondativa, giunta fino ad oggi.

Nacque la differenza tra oriente e occidente con la presenza della *Respublica Christiana* e se l'impero è un modello da imitare allora si attribuisce un'etichetta al passato imperiale. La Chiesa costruisce il papato sul modello imperiale: nel Medioevo la forma è sostanza, quindi atteggiandosi ad imperatore, lo si era. La curia è la cerchia di uffici che aiuta il papa a governare la Chiesa e ciò è esemplato dall'impero. Se il papato si veste di attributi mondani, a sua volta l'imperatore si veste di attributi sacrali: da una parte la storia dell'*imitatio imperii,* dall'altro produce una *imitatio Ponteficis.*

L'imperatore non può essere considerato meramente laico, ma *Vicarius Christi.* L'imperatore non era soggetto esterno dalla Chiesa ma *Rector Ecclesiae*: era interno alla Chiesa stessa. L'imperatore era uno dei capi della Chiesa. Il Papa è legge ecclesiastica vivente, canone vivo.

11. Missio ecclesiae

Dal punto di vista dei riferimenti normativi, gli unici a poter dare regolamenti generali sono l'imperatore ed il Papa. Tutti gli altri ordinamenti *de iure* non possono dare norme perché l'unico a poter dare delle norme è l'imperatore (e quindi anche il Papa), *de facto* anche gli altri ordinamenti emanano norme. I giuristi come professione nel primo Medioevo non ci sono, quindi questa distinzione può esserci solo nel secondo Medioevo. C'è un fervore di attività normativa tra confraternite, corporazioni, università, etc. I giuristi del secondo Medioevo cominciano ad avere una distinzione tra *de iure* e *de facto*, e si cerca di capire perché *de facto* esisteva formazione. Si utilizza l'espressione "il Comune della Città" in quanto il Comune non coincide con la Città: il Comune è la più potente corporazione.

I giuristi hanno tutto l'interesse a trovare la giustificazione teorica dell'esistenza della potestà normativa del Comune in quanto è il loro mestiere. L'impero è un'ideale ma nella realtà non esiste: figura solo nelle personalità o nei conflitti, ma l'impero non è una realtà visibile. Invece è operante la Chiesa: è viva dalla più piccola tribù di campagna alla più grande metropoli vescovile (Diocesi metropolita), è il tessuto della società. Per l'impero questa polarità funziona. Per Ambrogio l'esistenza stessa dell'impero aveva reso possibile l'evangelizzazione, il proselitismo, ed a partire da San Paolo la Chiesa si pose come obbiettivo la conquista degli altri attraverso e verso la fede. La

Chiesa assunse l'impero romano (ed il Diritto Romano) a modello.

Uno degli elementi centrali è la diversa organizzazione delle fonti del diritto della Chiesa Antica: i primi concili emanavano normative universali. Se l'impero è un ideale e la Chiesa è una realtà vivente, allora la memoria del diritto antico è stata tenuta dalla Chiesa. Il Diritto Romano (poi riemerso nel secondo Medioevo) è stato mantenuto nelle tradizioni dalla Chiesa, che è stata la gelosa custode del Diritto Romano.

Le fonti del diritto si dividono in due branche: diritto divino e diritto umano. Il diritto divino si distingue in due branche: positivo (frutto della volontà) e naturale (frutto della ragione, viene dalla natura, precede il diritto positivo, insieme di leggi che stanno impresse nella natura e nel cuore degli uomini, riguardanti i rapporti fra gli uomini, scritte da Dio al momento della creazione in quanto non si è limitato a creare, ma ha razionalizzato il creato).

Nell'impianto aristotelico Dio è causa non causata, primo motore immobile, causa prima, e tutto il resto è *causa secunda*; una volta che Dio ha creato l'universo, tutto va da sé. Una compilazione di Diritto Canonico del 1140 (di Graziano) è una massa di Diritto Divino e tradizione.

Il diritto umano è il diritto prodotto dall'uomo e può essere ecclesiastico (della chiesa) o secolare (degli ordinamenti secolari). Questa organizzazione funziona solo se in armonia con tutti gli altri elementi: il diritto secolare è sì libero di portare alla pace sociale sciolto dal vincolo della salvezza delle anime, ma senza collidere col diritto divino. C'è sempre un invito di ordine metodologico verso la società ordinata e la struttura ordinante. Ogni forma organizzativa persegue degli obiettivi ed ha delle finalità: gli strumenti sono le norme. Diversi sono gli scopi della società ecclesiastica e della società umana. Gli ordinamenti politici hanno come scopo la pace sociale (intramondana) e la società ecclesiastica ha come scopo la salvezza dell'anima. Questa distinzione funziona anche se con qualche interferenza tra sistema ecclesiastico e sistema temporale. Tipico dell'epoca post-costantiniana è un potere sacrale che esige un'osservanza secolare, ed un potere temporale che esige rispetto sacrale.

La materia ecclesiastica tende ad avocare a sé talune materie qualora la materia temporale interferisca con quella ecclesiastica della *salus animarum*. Tutta la storia giuridica è attraversata dalla *ratio peccati*, dalla *salus animarum*, e dalla interferenza tra canonico e civile. La Decretale di Innocenzo III era stata mandata come rescritto imperiale (non come legge universale), per rispondere all'intervento dei monarchi di Francia e

Inghilterra su materia di diritto feudale: Il Re di Francia pretendeva la fedeltà feudale dall'Inghilterra. Il Papa risponde dicendo che non ha la potestà e la competenza in diritto feudale, ma che ha risposto in quanto la discussione incide sulla salvezza dell'anima. Il Papa non sta promulgando una legge generale ma sta giudicando su una controversia giudiziaria feudale. Quando questa lettera viene pubblicata nelle compilazioni canonistiche. La consuetudine per tutti diritti dell'epoca è prevalente sulla legge; il Diritto Canonico prevede anche i canoni conciliari. Lo sviluppo di alcune idee che sono tipiche della teologia hanno avuto nel corso del XII sec. un esito fondativo del diritto penale moderno.

L'elaborazione della teologia ha avuto un'influenza enorme nella formazione del diritto e di altre tante discipline. La soggettività moderna consiste nel ritenere l'io come potenziale fonte di sapere. Nella confessione vi è un meccanismo *ex operae operato* in cui il risultato è opera di entrambi attività (del confessore e del penitente auto accusatore) che è una verità frutto non dell'esclusiva opera dell'uno o dell'altro. La confessione sacramentale ha dato una fortissima influenza sul campo penale moderno. La confessione nella prima Chiesa era pubblica (confessando i propri peccati pubblicamente davanti all'assemblea dei fedeli innanzi al Vescovo) e non reiterabile (ci si confessa una volta sola nella vita come un nuovo battesimo, una nuova alleanza con Dio): è prevalentemente riservata a uomini vecchi, vicini alla fine, con un livello altissimo di drammatizzazione e produce non immediatamente l'assoluzione ma la *ordo penitentium.*

Essere nell'*ordo penitentium* costituisce una forte ridimensione della capacità giuridica, esclusione dalla Comunione e dalla vita ecclesiastica, essere ai margini della comunità ecclesiastica, procedimento che si conclude poi con la riconciliazione. Intorno al VI secolo vi è una sorta di rivoluzione di questo sistema: non viene abbandonato e sostituito per opera di un Papa o di un concilio, ma per opera di monaci irlandesi (San Colombano) i quali introducono l'idea radicalmente diversa di confessione: auricolare (segreta) e reiterabile. La confessione è un avvenimento in cui si costruisce la soggettività e pensare a se stessi come campo di sapere possibile. La penitenza è esemplata sulle *compositiones* pecuniarie germaniche. Con questo genere di penitenza viene meno l'elemento psicologico, la differenza tra peccato veniale e peccato mortale.

Questo sistema fu messo in crisi da un nuovo sistema del XII secolo di Pietro Abelardo che ebbe una forte influenza sul pensiero di Graziano.

12. Penitenziali

Attraverso i libri penitenziali si può ricostruire il pensiero e la mentalità di un epoca. Importantissima è la distinzione tra crimine e peccato: il fondamento del diritto penale moderno è stata tale distinzione, e non è una faccenda di poco conto; tale distinzione serve a distinguere il tribunale penale ed il tribunale canonico. A partire dal terzo secolo si struttura quel sistema della confessione pubblica e non reiterabile con drammatizzazione e teatralità, e porta con sé un elemento insito soggettivo della confessione stessa intimo della vergogna.

Il risultato di questa confessione è equiparata ad un secondo Battesimo ed il risultato è che il penitente entra a far parte di uno *status*, un ordine che è l'*ordo penitentium* compiendo alcuni riti alcuni atti, pellegrinaggio, digiuno, ed esclusione per un certo periodo fino all'espiazione del peccato da certi atti legittimi: sposarsi, testimoniare, Comunione, e si insinua un concetto nuovissimo escluso dalla comunità precedente cioè la penitenza come terapia in quanto il peccato è malattia. Nel secolo VII un gruppo di monaci irlandesi (tra cui San Colombano) introducono la confessione auricolare reiterabile. Questa pratica prende piede e si afferma manifestandosi come penitenziale: i penitenziali servono ad indurre il penitente a confessarsi ed a scontare la pena.

Il libri penitenziali sono organizzati così: metà peccato e metà penitenza: il pellegrinaggio viene considerato una penitenza. I tre tipi umani che si spostano nel Medioevo sono: Studenti, pellegrini e mercanti. Si ritiene che il corpo è la tomba, il carcere dell'anima e si instaura nel pensiero medievale quella inimicizia tra corpo ed anima, e quindi flagellare il corpo è una penitenza. Qui si comincia stagliare l'idea che il confessore sia un abile medico. La cura deve essere il contrario: era necessario utilizzare una pena che fosse il contrario dell'atto peccaminoso compiuto.

Si vedranno affiancate fino al XII secolo le due procedure della confessione (pubblica e privata). Il criterio per decidere se un peccato deve essere confessato privatamente o pubblicamente dipende dalla condizione del peccato: il peccato privato va confessato privatamente; il peccato pubblico va confessato pubblicamente. La novità che interviene in questa distinzione è lo "scandalo": inizia ad insinuarsi in ogni campo l'idea di scandalo nella mentalità diffusa poiché anche l'uomo più umile del mondo capisce che lo scandalo è peggiore del peccato stesso. Verrà detto che lo Scandalo non è peccato, ma è un inciampo un *accidens*, non è costitutivo del peccato, e si ritiene così grave in quanto esso può accendere nelle anime semplici ed innocenti l'idea stessa di quel peccato. Se l'abominio diventa oggetto di pubblica fama può indurre il puro ad emulare il peccatore. E' la ragione per la quale negli ordini monastici circolava un brocardo (che faceva parte della regola tra le raccomandazione date ai codici) *"Si non caste tamen caute!"*: se non puoi essere casto almeno non ti fare accorgere. Questo sistema non è durevole, è solo sotto i Carolingi. Nel secondo Medioevo con il concilio Lateranenze IV si impose una regola assoluta: il penitente peccatore deve confessarsi almeno una volta l'anno e deve confessarsi col *proprius sacerdos*.

Quando questo sistema doppio viene superato dalla Teologia scolastica l'assoluzione avviene immediatamente e non alla fine delle opere di soddisfazione. Fino al secolo XII con questa condizione e con questi sviluppi di pratica penitenziale non v'era distinzione tra peccato e crimine in quanto non era ben chiara: nella mentalità degli uomini di quel tempo e nei modi di procedere tutti i peccati erano crimine e tutti i crimini erano peccati. Chi sovraintendeva al governo dell'anima (all'interiorità) lo faceva in un ruolo indifferenziato di giudice e/o confessore: non si capiva se agiva per *ordinatio* o *iurisdictio*. La distinzione tra crimine e peccato quindi non c'era.

La distinzione tra crimine e peccato non è da nulla: si pensi alla mal interpretazione di un testo sacro (v. legge coranica), e questa distinzione è stata di capitale importanza nella civiltà occidentale in maniera alquanto flessibile.

- *Oportet episcopum sine crimine esse*
- *Ecclesia de occultis non iudicat*

Attorno a queste due sentenze si è sviluppato il campo ecclesiastico e teologico, al fondamento di tutta la cultura giuridica: la prima regola è evangelica (derivante da San Paolo).

Il Decreto di Graziano era uno straordinario serbatoio di regole giuridiche ed evangeliche; nella prima regola ci si domanda perché c'è il termine "crimine" al posto di "peccato", ed i giuristi del XII secolo si soffermano sulla distinzione tra crimine e peccato. Le scritture dicono "crimine", ed il giurista costruisce l'argomento affermando che S. Paolo intendesse (con una glossa e spiegazione grammaticale) *"criminalis infamia"*, cioè peccato criminale.

Il peccato criminale è qualcosa di diverso e superiore rispetto al semplice peccato.

La seconda regola: La Chiesa non giudica sulle cose occulte. La parola *"occultum"* ha due significati in parte differenti: segreto, nascosto, occulto, che non si dà a vedere, un pensiero che non fuoriesce dalla coscienza, e non sempre ciò che produce la coscienza si traduca in azioni. Quindi *occultum* lo si potrebbe considerare come contrario di azione e la differenza sta sul piano sostanziale.

Il secondo significato è da attribuirsi a ciò che non ha modo di essere visto (azione in segreto, che non viene conosciuta da altri). I crimini compiuti di notte sono *occulta*, quindi fatti con la volontà di celarli e quindi giudicati più pesantemente. *"Ecclesia"* si riferisce alla Chiesa come tribunale ecclesiastico, come ordinamento giuridico, e non giudica dei pensieri per una questione di economia processuale perché i pensieri non possono essere provati. La prima regola serve a creare la dicotomia tra peccato e peccato criminale, la quale differenza sta tra il pensiero e l'azione: il peccato può essere anche solo pensiero (*occultum*), invece il crimine non è mai *occultum*. Pressoché tutti i crimini sono peccati, ma non tutti i peccati sono crimini (in quanto occulti). Nessun tribunale umano può provare quei peccati che sono i pensieri.

A partire da questa distinzione si produce un effetto formidabile sul diritto penale (criminale) sviluppatosi ancor prima di Graziano, da Pietro Abelardo, in quanto egli ragiona dicendo che un peccato per essere tale deve essere volontario (non può che essere volontario). Uno degli effetti del peccato del *furiosus* è l'*irregularitas* (non per colpa). Una vergine stuprata non compie peccato, ma è *sub irregularitatem*.

Nasce una parola nell'ambito filosofico teologico "*discretio*" che serve a comprendere la distinzione tra bene e male: tradotta poi con il discernimento. Si comincia ad applicare la teoria aristotelica della causa: *proxima te remota*.

13. Le arti liberali

La sfera del giuridico ha uno suo tessuto epistemologico, e nell'Alto Medioevo il diritto era sempre parte di qualcos'altro. E' una costante del pensiero giuridico che molte delle innovazioni dei pensieri giuridici vengono dalla Teologia, ma ciò non deve farci cadere in equivoco: il diritto non è religioso, ma laico, ma alcuni cambiamenti, discussioni, approfondimenti sono propri del campo teologico. E' ovvio che Abelardo quando si chiede se può esistere un peccato involontario risponde negativamente ed a partire da questo assioma va ad approfondire la responsabilità del peccatore, se sano o *furiosus*, o *infans*, etc. Abelardo pensa a questi esempi derivanti direttamente dal campo teologico.

Nel Medioevo le varie università, e le varie facoltà, si scambiavano concetti, idee, pensieri, etc. Il peccato che non sia criminale è oggetto si dell'autoaccusa, ma per aversi un processo è necessario che il peccato sia criminale (il pensiero debba essere stato tramutato in azione). Dinnanzi al giudice viene chiamato a rispondere solo dei peccati criminali. Mentre il peccatore ascolta quello che ha ascoltato sempre il giudice ascolta solo le azioni e non i pensieri. Questa svolta avvenuta sul campo sacramentale e teologico si è trasferita anche sul campo giuridico in quanto il giudice non può giudicare sui pensieri ma solo sulle azioni in quanto i pensieri non sono provabili.

Il giudice nel campo della *iurisdictio* dovrà indagare solo per le azioni e questo insegnamento di Abelardo viene trasposto anche nel campo giuridico. Precedentemente tutti i peccati erano crimini e i crimini erano tutti peccati e non si riusciva a distinguere se il chierico era un giudice o un confessore. E' il campo teologico che si emancipa dal campo giuridico ed il campo giuridico per sottrazione viene chiamato a supplire a quei compiti che precedentemente erano attribuiti al teologico.

Non si capisce bene se l'imperatore sia un laico o un chierico: non è ordinato ma è parte della Chiesa; un alto giudice secolare non giudica a prescindere dei campi religiosi: è la Teologia che si costituisce come sapere autonomo dal secolare e l'influenza della Teologia sul diritto non è il solito discorso dell'invadenza: è proprio la Chiesa del secolo XII che pretende a programmare l'emancipazione dai poteri secolari. Dopo la riforma gregoriana si tende a dividere nettamente da chierico e laico. La figura del reggitore dell'impero era fortemente chiericizzata.

La *libertas Ecclesiae* non significa "libertà della Chiesa" ma più che altro immunità (*immunitas* feudale). Lo Stato non può invadere la sfera ecclesiastica (nomina dei Vescovi, elezione del Papa, concili, etc.) infatti da allora si distinse tra Teologia e Diritto, tra potere secolare e potere temporale. Dal momento in cui la Teologia ha marcato i confini, ha portato alle altre discipline a marcare i propri, ricordandosi delle proprie mansioni: il diritto umano finisce per trarne un vantaggio in quanto le barriere diventano i limiti del proprio statuto epistemologico. Nel campo dell'insegnamento il libro per eccellenza è la Bibbia, ma anche la compilazione Giustinianea.

Così come fanno i teologi nella composizione di commenti e glosse, così fanno i giuristi. Il campo proprio della coscienza distinguendosi dal foro esterno fa sì che il foro esterno si distingue dal foro interno. L'Ecclesia è il tribunale ecclesiastico. Il primo medioevo ebbe una vocazione universalistica enciclopedica: faccenda completamente diversa rispetto alla concezione di enciclopedia che si ha adesso. Nel primo Medioevo si è dato dopo la rinascita carolingia un assetto ordinato (contrario di mutato) del sapere di tutta la scienza. L'uomo colto dell'Alto Medioevo (chierico alla corte di Re Carlo) vede la scienza come già definita non soggetta a possibili sviluppi, organizzata alla maniera con cui un botanico classifica e nomina le piante, con un impianto tassonomico (classificare secondo genere, specie, famiglie, razze, etc.), in sette caselle, macroaree, distinte in due grandi categorie; ciò è il sistema delle arti liberali: arti del discorso "sermocinali" (grammatica, retorica, dialettica), arti delle cose "reali" (aritmetica, geometria, astronomia, musica).

Questa è la distinzione tra scienze dell'uomo e scienze della natura (o meglio: umanistiche ed esatte). Si è ritenuto che tutto il sapere possibile è là, sotto una delle sette arti. Un altro modo per comprendere le arti è lo studio dell'etimologia. Le scuole cattedrali erano scuole di arti liberali e servivano propedeuticamente allo svolgimento dell'ufficio divino. E' una scuola che serve per dire Messa, per fare una confessione, per predicare, per leggere, ed ecco perché le lezioni non si pagano e gli studenti sono tutti chierici assieme agli insegnanti.

In quest'insieme di sette arti non c'è Teologia e non c'è Diritto: il Diritto era sempre parte di qualcos'altro; la Teologia era sempre parte di qualcos'altro; queste scienze non erano neppure immaginate come scienze autonome a sé stanti. Chi per qualche ragioni era chiamato a svolgere funzioni di giustizia doveva essere istruito alle arti liberali (saper leggere, scrivere, parlare, convincere, spiegare, etc.). C'erano dei chierici che scrivevano e commentavano ma non c'era una scienza autonoma.

Solo più tardi, provocata dai grandi sommovimenti economici, si avrà la nascita della scienza teologica e della scienza giuridica (non ancora pura come quella kelseniana); nasce la distinzione tra teologi e giuridici. Questo sistema (delle arti liberali) quindi entra in crisi e si frammenta perché il diritto consuetudinario non è più sufficienti, quindi i giuristi cominciano a cercare testi sempre più raffinati e complessi: non erano a portata di mano ma esistevano, p.es.: i testi giustinianei.

Questi sono venuti fuori perché qualcuno li ha cercati poiché ciò che si aveva non era più sufficiente: era necessario un diritto più complesso. Fu l'apporto greco-arabo a scompaginare il sistema delle arti liberali, in quanto un flusso complesso di testi antichi vennero in Europa prima attraverso l'intermediazione araba e poi direttamente di origine greca. L'Alto Medioevo sconosce la cultura antica (classica) greca in quanto i testi erano persi. In Islam invece si tradussero i testi greci in arabo. Quando i due mondi entrarono in contatto avviene maggiormente per la traduzione delle opere greche dall'arabo in latino: la latinità conobbe per la prima volta il classicismo greco dall'arabo. Quando il greco si conobbe bene, queste opere vennero tradotte direttamente dal greco.

L'arrivo di questa mole enorme di testi (tra cui alchimia, astrologia etc.) portò alla fine delle arti liberali. Irnerio è il primo che può fregiarsi del titolo di doctor iuris, Magister di arti liberali.

14. Restauro dei Libri *"legales"*

Irnerio nella sua biografia intellettuale, per le testimonianze che ci sono rimaste, impersona questo trapasso: nella sua vita si condensa il passaggio dal sistema scolastico antecedente delle arti liberali, a quello universitario, dal diritto come arte a scienza, dal vago al definito mediante statuto, etc. Alcune testimonianze ci mostrano la frantumazione delle arti liberali del diritto.

Odofredo è un giurista bolognese coetaneo di Accursio, e muore dopo il 1265, mentre Irnerio muore nel 1130: Odofredo parla di Irnerio ad un secolo dopo con testimonianza tarda. Con queste testimonianze bisogna essere sempre cauti, ma a quel tempo il valore della oralità era molto diffuso: il ricordo si trasmetteva oralmente nelle generazioni e questa testimonianza di

Odofredo arrivata dopo ai fatti non deve impressionare in quanto era luogo comune comportarsi in questo modo. Se poi questa testimonianza sia vera o meno poco importa: la testimonianza è altamente significativa.

Odofredo da questa testimonianza importante sull'insegnamento di Irnerio: *"Dominus Yrnerius dum doceret in artibus in civitate ista cum fuerunt deportati libri legales cepit per se studere in libris nostri set studendo cepit docere in legibus"*. Il fatto che Odofredo qualifichi Irnerio *Dominus* e non *Magister* lo reputa professore di Diritto (all'Università e non nella scuola professionale). Irnerio è un maestro di arti liberali ma non allo stesso modo di come lo si potesse definire in altri contesti storici: era a Bologna e studia insegnando arti liberali, poi avviene qualcosa (dice Odofredo), cioè vennero portati i libri legali (che non c'erano, riferendosi in verità al codice giustinianeo), come se questi libri fossero stati rubati e poi riportati (ma in verità furono ricostruiti). Irnerio cominciò a studiare per se da questi libri (con un'opera di ricerca) e mentre studiava cominciò ad insegnare. Sotto il profilo di studio egli si fece giurista mediante il rapporto di ricerca e didattica, studio ed insegnamento, etc.

Non passa dalle arti liberali al diritto, ma sono le arti liberali che nutrendosi di nuovi testi finiscono per costruire una nuova disciplina che è la Scienza giuridica. Questo lavoro non l'ha iniziato da solo, ma si ritiene che egli abbia operato in equipe: insieme ad altri dottori (quattro?). L'opera di emersione dei testi giustinianei fu un'opera di equipe e non di un personaggio isolato (quella di Odofredo è una leggenda). Questa equipe nutrita di arti liberali restaura questi libri di diritto, mette ordine, ed il maestro mentre studia insegna, apprende e ricerca. Apporre delle note marginali è sia un'attività esegetica (di ricerca ed interpretazione) ma ciò nulla crea nel rapporto con la scolaresca. Questa mitologia che i libri siano stati portati da altrove riflette un modello, una metafora, un paradigma metaforico, molto usato nel medioevo, e trae la sua origine dal concetto di traslatio (trasferimento) imperii (il centro del potere è stato trasferito da un luogo all'altro mantenendo intatta la sua ontologia: Roma è dove sta l'imperatore).

Il Medioevo ruota intorno alle parole: *regnum, sacerdotium, studium*. E così anche lo *studium* è stato oggetto di una *traslatio:* nasce ad Atene e poi passa a Bologna (o Parigi). Lo studio si sostanziava anche nell'insegnamento; quando si parla di storia dell'università si immagina ad una epica fondazione (Università di fondazione), ma in realtà (fatta eccezione per Napoli) le università di fondazione sono quelle quattrocentesche, cioè fondate da un'autorità suprema (Papa o Imperatore). Per quanto riguarda Catania, la fondazione e mista: rappresentanti dell'alto clero si rivolsero ad Alfonso d'Aragona per aprire uno *Studium Generale* nel 1434 (ma i corsi ebbero luogo solo nel 1444); Il re concesse il privilegio (*placet*), ma non vi fu una fondazione; solo nel 1444 con la bolla di Eugenio IV si ebbe la fondazione.

Prima del 1400 tutte le università europee nascono autonomamente senza la presenza di un'autorizzazione dell'autorità. Se vi è il requisito della didattica e della ricerca si è di fronte ad una università (anche se nasce presso il domicilio di un privato); deve esserci anche l'elemento corporativo (una forma di aggregazione corporativa tra studenti e professore, od ognuno per sé). L'espressione Università è intesa a partire dall'800 come universalità degli studi (Università degli Studi) nazionale. Un giurista della seconda metà dell'800 andava a studiare presso i pandettisti (Vittorio Emanuele Orlando andò a formarsi in Germania).

L'Università però non è solo insegnante (ricercatore) e studenti: si pensa pure alle aule, biblioteche, archivi, direzione amministrativa, rettore, strutture, statuto, ordinamento, regole, esami, etc. Quindi la semplice traduzione di *Universitas* in Università è un po' rischiosa, in quanto non esisteva la struttura attuale, ma vi era la semplice corporazione. *Studium* stava per intendere le scuole, i venditori di libri, personale umano ruotante al mondo degli studi. *Universitas* era usata per connotare la corporazione degli studenti, ma è così forte ed evocativa che si è mantenuto pure nella lingua italiana. Nel Latino Medievale la nostra Università è l'equivalente di *Studium*. L'espressione Commune civitati era la corporazione che governa la città (e veniva utilizzata nell'Italia centro settentrionale), ma veniva utilizzata equivalentemente l'espressione *Universitas* (nell'Italia meridionale) per indicare la corporazione politica più importante (e potente) della città. All'interno di un regno non era così facile da avere una struttura corporativa.

Alla fine del tardo impero nasce la conformazione primordiale del medioevo giuridico; il crinale della discontinuità con il passato è il 1200. Irnerio si fa giurista studiando ed insegnando ed una seconda testimonianza che viene da una cronaca un po' più tarda si chiama uspergense (di Burcardo di Biberach) e dice che su richiesta della contessa Matilda Irnerio rinnovò i libri legali (traduzione letterale), ma il testo latino dice *"ad petitionem Matildaea Yrnerius renonavit libros legales"*: *petitio* significa richiesta; *renovare* è non solo rinnovare ma anche organizzare; Matilda è vicaria dell'Imperatore ed è una grande feudataria e la sua signoria territoriale (Stato?) aveva un tribunale dove si celebravano tanti processi e tante sentenze, ed in latino medievale la stessa parola *"placitum"* indica il tribunale, il giudizio, e la sentenza. E' arrivata presso di noi una numerosa raccolta di *"placiti"*, testimonianze di giudici, giuristi, etc.

Nel tribunale di Matilda di Canossa il diritto positivo vigente è il *Capitolare Italicum* (diritto longobardo), il libro dal quale prendere le norme da applicare nelle controversie giudiziarie; in tema di prove si utilizzava abitualmente il duello giudiziario. I diritti longobardi sono i *capitularia*, ma anche in ambiente ecclesiastico si utilizza questo termine (assieme a *canon*). Il *capitolare italicum* mette insieme i capitolari longobardi e franchi (italicum) che aveva come capitale Pavia. Al tempo di Irnerio e Peco si dibatte sull'utilizzo del duello giudiziario o della prova testimoniale.

La circolazione dei libri giustinianei è frammentaria e riassuntata ed a quel tempo la prevalenza era al diritto germanico, capitolare italico. Nei *placiti* si intravede una certa sensibilità verso le formazioni romane. Di recente è stata avanzata un'ipotesi in cui si ritiene che la *petitio* fosse una richiesta forte supportata da un supporto economico (quindi che la Contessa Matilda commissionasse con un sostegno ad un gruppo di studiosi per mettere insieme un assortimento di testi altrimenti frantumati).

L'opera di Irnerio fu un'opera di restauro su incoraggiamento politico ed economico della contessa Matilda. Il restauro di Irnerio è ordinamento e risistemazione di fonte preesistenti, sparsi brani, etc. e l'opera di Irnerio fu *"in progress"*: frutto di un faticoso restauro che di sicuro non iniziò con Irnerio. L'opera dovevasi esser iniziata da altri. A metà del Medioevo circola una versione ridotta e riassunta del codice: *Epitome Codicis* (gli studiosi ne fanno oggetto delle loro ricerche). Dopo circa un secolo (IX-X ca.) figura un'altra *Epitome Codicis* ma di gran lunga migliore (più vicina all'originale, meno epitomata, non vicinissima, ma meno distante).

Al tempo di Irnerio (e la sua *entourage*) il codice doveva essere già ricostruito: la sua opera è stata di restauro su *petitio* di Matilde in quanto esperto di arti liberali (grammatica, retorica, dialettica). Il mito della traslatio studii è qualcosa di ricorrente (anche se non fosse qualcosa sulla quale porre credenziali): da Atene a Roma, da Roma a Bisanzio, da Bisanzio a Parigi. Federico II nel primo trentennio del 1200 fonda l'Università di Napoli. In taluni documenti esiste l'espressione: *"reformavit studium"* quindi potrebbe anche in questo caso sorgere il dubbio sulla fondazione o sulla spontaneità, ma ovviamente il termini potrebbe significare anche "ordinare".

15. Lo spirito dell'Università

L'ipotesi interpretativa è legittima e si dice che da sempre nella storia giuridica si trovano legislatori, giudici e giuristi: si può trovare, studiare ed interpretare la vita del diritto mettendo in luce più uno che l'altro. Nel primo Medioevo vi è il ruolo preminente della consuetudine e della giustizia, il binomio *rex/iudex*, e coloro che hanno la preminenza sono i giudici. Nel primo Medioevo era preminente la prassi ed i giuristi non erano scienziati del diritto come potrebbero esserlo oggi o anche nell'età successiva. Il Diritto come scienza autonoma nasce successivamente, anche se una qualche scienza elementare del Diritto avrebbe dovuto esistere. L'espressione *"expositio"* è un minimo di scienza esegetica, quindi si può ritenere un minimo di attività scientifica in quanto non ci sono testi da commentare e non ci sono dei legislatori, non c'è un potere politico che faccia del diritto un potere di governo. Ci sono raccolte di norme nel primo Medioevo che certificano una consuetudine orale precedente, che intervengono sull'incertezza del diritto con le pubblicazioni.

L'editto di Rotari fu pubblicato, e non promulgato: la certificazione pubblica delle antiche consuetudini orali germaniche. *Lex* è la lettura della natura, dominio della natura: i longobardi usavano dire che il diritto concerne "le ossa", nel senso che non si può dispensare dal diritto. Vi è la prevalenza della prassi giudiziaria con una qualche attività di riflessione.

Isidoro di Siviglia agli inizi del VII secolo dà una bella definizione di *lex*, e siamo in un campo ecclesiastico in cui domina l'impianto enciclopedico, ed egli dice: "Tra *Lex* e *consuetudo* non c'è poi tutta questa differenza. La distinzione potrebbe essere ricondotta all'elemento della scrittura/oralità o altro, ma una legge per essere tale deve ispirarsi alla ratio. La ratio è quel complesso di concetti morali etici: il problema di stabilire la sussistenza di legge è l'ispirazione non la forma." Quindi c'è una qualche riflessione al VII secolo, ma a prevalere è comunque il giudice.

Nel secondo Medioevo a prevalere sono i giuristi (ma non mancano ovviamente i giudici, le curie, i tribunali, le rote, etc.). La Scienza giuridica è la regina del Diritto e nel secondo Medioevo il Diritto è dei professori. Un grande giurista è tale perché è un professore universitario (se poi facevano altre attività questo è normale: podestà, sindaci, giudici, notai, sacerdoti, avvocati, procuratori, ambasciatori, etc.). Nel momento in cui si produce il diritto lo si trasmette (e lo si riproduce). La trasmissione del sapere avviene nel rapporto intrinseco tra ricerca ed insegnamento.

La didattica sarà funzionale a queste forme di produzione del diritto. Nascono gli stati territoriali, nascono i grandi tribunali, etc. Un giurista è tanto influente quanto è professore. Vi è una sorta d'idolatria della legge: astratta, generale, uguale per tutti, al di sopra di tutto, etc. Diversi Papi nel Medioevo sono anche giuristi, per esempio Innocenzo IV.

L'elemento corporativo ed il rapporto tra didattica e ricerca caratterizzano la nascita dell'Università: le scuole cattedrali altomedievali non godevano delle medesime caratteristiche, in quanto si studiavano solo le arti liberali e non c'era un elemento corporativo. Si sviluppano dei moti associativi con l'Università. La *coniuratio* era l'unione di più persone giurate insieme osservando gli stessi precetti, dignità, norme, etc.

Gli studenti sono chierici e laici, ma sono lì in quanto studenti (indifferentemente dal loro *status* poiché gli scopi sono mondani). La scuola nel primo Medioevo non è una scuola laica[12]: è preordinata all'ufficio divino, per diventare chierico; non c'è l'elemento corporativo e non c'è il rapporto tra didattica e ricerca: la si può paragonare alle attuali scuole propedeutiche (Liceo, scuola superiore in generale).

---

[12] Per laica s'intende non finalizzata a fare Messa.

I centri d'innovazione culturale all'esordio dell'Università sono la Scuola Cattedrale di Chartres, Bologna (diritto) e Parigi (Filosofia e Teologia). Fu all'interno delle scuole cattedrali a nascere il cambiamento (non in tutte, infatti Chartres era diversa e precede Bologna e Parigi, ma quando queste saranno due stelle luminose, essa decadrà). Lo spirito di Chartres (che non era più simile alle scuole cattedrale di prima) predilige le arti del quadrivio, che del trivio: è un centro in cui la propensione è per le materie scientifiche, della natura (matematica, fisica, astronomia, musica), c'è uno spirito di osservazione, investigazione e curiosità.

E' un modo di guardare aristotelicamente a queste quattro materie. Interviene un modo diverso di studiare le arti del quadrivio, e ciò sarà tipico dell'approccio dei francescani e della Filosofia dei nominalisti. Non è così scontato che essi studiassero le arti del quadrivio ed avessero spirito d'osservazione. C'è questa inedita, nuova, rinnovata, volontà di entrare in rapporto con la natura con l'osservazione, etc. Non è più quell'impianto enciclopedico dell'alto Medioevo di sapere concluso: c'è uno spirito di ricerca per trovare ulteriori nuove verità e poi c'è uno spirito razionalista (nel senso di credere che l'osservazione deve essere piegata all'osservazione).

84

L'esilio dell'uomo è l'ignoranza, la sua patria è la Scienza" – Onorio d'Autum.

L'espressione "noi vediamo più lontano è perché ci siamo arrampicati sulle spella dei giganti", e nella contrapposizione tra ordine e mutamento, qui c'è qualcosa di nuovo: i moderni rispetto agli antichi vedono più lontano in quanto innestano le proprio visioni sull'antico senza rinnegarlo. La trasmissione della sapienza è immersa nel rinnovamento. La nascita dell'Università è come un interruzione nella storia di un fatto inedito: alloggi, libri, denaro, attività bancaria, prestito, indotto del mondo universitario, etc. Ci sono città che hanno l'aspetto universitario in cui la popolazione studentesca è quasi equivalente a quella dei nativi: c'è una università sana se è visibile. L'Università cambia la città: imprime i propri ritmi. Il mondo studentesco medievale era di gran lunga più lento e quindi avveniva di frequente che si facessero inseguire da mariti gelosi, combinavano guai.

Bologna aveva una popolazione di gran lunga più ristretta e la popolazione era di gran lunga più sbilanciata verso i maschi: dinanzi al fenomeno universitario si è di fronte ad una nuova Babilonia, ma anche ad una nuova Gerusalemme. San Bernardo riteneva che Parigi fosse la nuova Babilonia: "troverai molto di più nel bosco, nelle pietre e negli alberi che nei libri". Giovanni di Salisbury riteneva che Parigi fosse la nuova Gerusalemme, per l'entusiasmo cagionato dai tanti valori. Filippo di Harvengt riteneva che Parigi fosse la città delle belle lettere.

Da queste ultime due citazioni si intravede un fatto inedito: la cultura viene diffusa con uno scopo mondano e non ultramondano, e nasce la figura dell'intellettuale. L'intellettuale medievale (secondo Medioevo) è uno che non necessariamente è chierico e fa il mestiere di pensare e dietro pagamento insegna ad altri lo stesso mestiere. Anche prima del Medioevo esistevano uomini (per lo più chierici) che trasmettevano ad altri un sapere, ma la differenza è che questi facevano altro: non era il loro mestiere, trovavano da vivere in altro modo, non vivevano dell'insegnamento ed erano dei proprietari terrieri e non esisteva lontanamente il concetto che uno di mestiere potesse fare l'intellettuale (uno che si guadagna da vivere pensando, leggere per sé e trasmettere questo pensiero ad altri dietro pagamento).

Sul termine intellettuale bisogna intendersi in quanto nel Medioevo questi nuovi uomini non venivano chiamati intellettuali (intellettuale è una parola moderna e non medievale). Nelle fonti del mediolatino *intellectualis* era utilizzato sempre come aggettivo e mai come sostantivo (equivalente di *spiritualis*). La parola intellettuale nasce n Europa in occasione dell'Affaire Dreyfus, in cui le parole vennero utilizzate al posto delle armi, e della violenza.

Il primo intellettuale è Pietro Abelardo che vive dell'insegnamento: "Non uso le mani per trovare da vivere, ma il pensiero e la parola". L'università nasce spontaneamente quando una scolaresca si riunisce intorno al maestro il quale riceve una "*collecta*".

"L'*Ars dictamini*" è una tecnica retorica che insegna a tutti per situazioni date come formulare un documento: è un formulario, una raccolta di fac-simile, ed in questi formulari di lettere ce n'è una di uno studente che rivolge ad un professore. Se il formulario aveva tanto successo allora vuol dire che lo utilizzavano.

La lettera tratta di un giovane che vive in Normandia si rivolge ad un maestro celebre professore di Diritto, e la formula ha una prima parte di elogio e gli chiede quanto deve pagare e dove insegna (per quell'anno: il professore avrebbe potuto insegnare anche altrove sebbene di provenienza di una Città famosa). Le Università nascono per secessioni: un professore litiga con colleghi e se ne va in un'altra città ad insegnare (dove c'è una scuola universitaria: perché c'è l'elemento corporativo).

Il professore non è un burocrate, non è un impiegato dello stato: riceve il suo compenso direttamente dagli studenti.

Quando si passò dalla collecta al *salarium* *(stipendium)* non si può assimilare un professore ad un salariato (stipendiato), ma è sempre e comunque un intellettuale.

16. L'Università come torneo d'intelligenze

L'intellettuale medievale nasce assieme all'Università ed è quindi una figura nuova di scolaro: non è lo scolaro liberale che riceve gli ordini sacri, ma va a studiare a Bologna, a Mont Pellier, per divenire avvocato, notaio, *doctor iuris, dominus.* Il corso degli studi a Bologna è strutturato in una situazione abbastanza duttile e nasce spontaneamente sviluppandosi anche grazie all'intervento di autorità. C'è sempre un margine di flessibilità e gli studi giuridici in pieno duecento duravano sette o nove anni, ma lo studente di diritto poteva fermarsi come e quando voleva: non c'erano obblighi di un titolo.

Se si doveva fare il giudice, notaio, o l'avvocato si poteva smettere prima; chi invece voleva proseguire otteneva il dottorato: dopo un cospicuo periodo di studio si diveniva *doctor iuris* potendo anche aprire una scuola. Nei paesi anglofoni è veramente sorprendente nella lingua come si mantengono termini del dizionario universitario medievale.

L'università è presa per il suo intrinseco valore mondano riguardante lo *speculum*; l'intellettuale medievale viveva con la parola e con la mente, la sua opera non era manuale. E' in questa fase storica in cui comincia a nascere una *discredito* per le *artes* meccaniche. L'uomo medievale non ammette che ci siano dissonanze, conflitti. L'uomo *faber* è oggetto di un atteggiamento ambivalente: osservazione della natura e condanna dei mestieri che fanno sporcare le mani. Gli artigiani insieme ai mercanti si mettono a capo della rivolta di fronte ai Signori.

Nello stesso periodo in cui si costituisce l'immagine della donna come peccato si costruisce la Teologia mariana. Vi sono non contraddizioni, ma ambivalenze. Il lavoro manuale di distingue dal lavoro intellettuale: le prime vengono considerati arti screditate. Il diritto ha anche una ambivalente osservazione: Babilonia/Gerusalemme. Non solo l'intellettuale pensava e riproduceva il suo pensiero, ma aveva coscienza e consapevolezza di ciò.

Il ceto dei giuristi si fondava sui precetti del materiale che esso stesso maneggiava. Rappresentarsi come sacerdoti singifica considerare il Diritto come una "Religione Civile", di una liturgia mondana. Far parte di un ceto significa sentirsi parte di uno stesso gruppo umano. Riccardo Malombra è un giurista del '300 che insegna a Padova e si mette nei guai con la

Chiesa per sospetti di eresia (non sono posizioni radicali, ma conflitti con la *potestas* papale). Bologna stava sotto la potestà papale: Il Papa era capo della Chiesa e Re dello stato pontificio. Solitamente era un Cardinale a svolgere le funzioni amministrative temporali. Malombra viene convocato per pentirsi, per rendere ragione delle cose che ha scritto, etc.

Appena arrivato a Bologna lo aspetta il collegio dei giuristi dottori (i professori di Diritto), il quale lo accoglie e lo accompagna dal legato pontificio che non fa nulla. I giuristi di Bologna avevano consapevolezza di far parte dello stesso ceto di cui faceva parte Malombra. La corporazione dei professori manda un messaggio politico chiaro: è un collega e non si tocca. Far parte di un ceto significa avere una consapevolezza di appartenere allo stesso universo. La vita di Pietro Abelardo è un bell'esempio per comprendere la nascita dell'Università: *"Fu l'estrema povertà in cui vivevo che mi spinse ad aprire una scuola, così ricorrendo all'unica arte che conoscevo, invece di lavorare con le mani, misi a frutto il lavoro della parola"*.

L'Università è un torneo delle intelligenze: è un combattimento tra maestro ed allievi in quanto il maestro sollecita l'interesse degli allievi e più gli allievi sono impertinenti, tanto il maestro è soddisfatto. Abelardo comincia a fare domande impertinenti al suo maestro parigino in modo insistente, ed il suo maestro in fine lo caccia, lo espelle dalla scuola; Abelardo si alza, esce e se ne va, ma assieme a lui esce tutta la scolaresca: Abelardo è divenuto un maestro, allora cerca casa e apre una scuola. Il torneo allena ad argomentare meglio, e la scuola è costituita in tal modo dà per costituire meglio gli attrezzi del mestieri di argomentazione logica.

Un torneo d'intelligenza è un mercato delle idee. L'Università dell'800-'900 si ispira all'Università del Medioevo. Così si accresce la città, e vi è la specializzazione delle competenze (vi sono varie specializzazioni separate e professionali per ogni individuo). Quindi nella città, tra gli altri, ci sono i Giuristi (punto e basta, e non anche dotti che sanno un po' di tutto). Ci sono nuove istituzioni, ed in una città come Bologna l'istituzione importante è il Comune (Comune consolare, podestarile), la Chiesa, le corporazioni, la curia mercantile, i legati imperiali ed i legati papali, etc.

Il professore che insegna a Bologna ha in comune con il professore che insegna ad Oxford la lingua d'insegnamento, i testi.

L'apparato è una catena di glosse: avveniva che una pagina venisse copiata integralmente da una pagina commentata. Giovanni Bassiano detta una Glossa ad Azzone, tizio copia la pagina di Azzone su sua dettatura aggiungendo talune cose e togliendone altre.

Quando le glosse sono cristallizzate si va dallo *stationarius* a far redigere l'opera rielaborata completa di nuove glosse (l'apparato).

17. Attività dei glossatori e dei commentatori

A Bologna l'*Universitas* era la corporazione dei soli studenti in quanto i professori avevano la loro corporazione; a Parigi invece inglobava studenti e professori. *Universitas* non era *Studium*, ma associazione di uomini che erano studenti. Per durare fino ad oggi evidentemente tale termine era pervasivo, possente e forte. Era un elemento trainante di tutto il mondo degli studi. Lo studente medievale era un soggetto politico importante talmente che il termine *Universitas* collegava immediatamente a Bologna, Parigi, al mondo degli studi.

Mentre nell'Italia centro settentrionale la città era governata dal *"Commune"*, invece nell'Italia meridionale dall'*Universitas civium*. La *Schola* è una scolaresca, una scuola privata con un *dominus* il quale la apre a casa sua facendosi pagare una *collecta*. A Bologna vi sono tante scuole quanti sono i professori: la *schola* è la casa del professore dove si tengono le *lecture*. Le prime associazioni studentesche corporative nascono intorno al 1180 e prima di questo periodo (terza generazioni dei glossatori) esistevano delle associazioni che non erano propriamente corporative: comitive e consorzi. Mentre la corporazione è istituzionalizzata, la comitiva ed il consorzio non hanno istituzionalizzazione: si tratta di forme spontanee delle quali ci si aspetta l'esistenza. Il termine comitiva vuol dire "codazzo" o "scolaresca" e quindi il maestro non aveva rapporti conflittuali con la scolaresca qualora di portava appresso la sua comitiva.

Il rapporto è ispirato quasi alla comunanza di vita: non tutta ma c'erano dei momenti significativi in cui la scuola compariva in quanto *schola*, e a fare da protagonista era la *schola*. I consorzi sono associazioni fra studenti per raggiungere un fine. In una età dov'era presente il particolarismo giuridico, per uno studente l'andare a studiare a Bologna era come andare all'estero: gli studenti forestieri erano tutti stranieri quindi abbandonavano il loro giudice naturale. Sorgeva il dubbio sul quale giudice o tribunale rivolgersi per delle controversie. Studiare in terra aliena comportava l'esposizione a vessazioni; poi i rapporti tra studenti e professori cominciarono a incrinarsi: i professori esponevano programmi troppo semplici. Intorno al 1180 si formano le prime forme corporative: la prima forma corporativa è la *Natio*: la *Natio* raccoglie gli studenti che parlano la stessa lingua e che provengono dalla stessa regione. A Bologna è presente la *Natio* teutonica, provenzale, siciliana (la più turbolenta), britannica, etc. L'*Universitas* è la corporazione delle corporazioni: se le *nationes* sono le prime corporazioni allora l'*Universitas* è la corporazione delle *nationes*. Ogni *Natio* ha un *procurator*, e l'insieme di tutti i *procuratores* costituisce l'*Universitas*.

Quindi l'*Universitas* è l'insieme degli studenti stranieri in quanto gli studenti Bolognesi non avevano quei problemi. A Bologna vigeva la consuetudine secondo cui un creditorie poteva rivalersi su un qualunque concittadino del suo debitore in quanto il debitore era *fugitivus* (fallito)[13]. Chi scappa e non torna è un fallito. Rivalersi su un qualunque concittadino del debitore significa mantenere gli studenti in uno *status* di grande precarietà. L'imperatore Federico promulga una *constitutio (Habita)* con la quale concede dei privilegi tra cui l'abolizione della rappresagli e sul piano della giurisdizione lo scolaro può scegliere come suo giudice o il professore o il Vescovo[14]. La giurisdizione ecclesiastica valeva o ratione materiae o ratione personae.

La Chiesa attribuisce una etichetta alle persone non chieriche che è quella dei *"miserabiles"* col significato di "bisognosi". Il Vescovo (o arcidiacono) è

---

[13] Istituto della rappresaglia.
[14] Probabilmente è una generica vanteria dei professori: vigeva la Chiesa.

sempre il cancelliere dell'Università fino agli inizi dell'800. Il *rector* è invece il capo dell'*Universitas* (corporazione delle corporazione), quindi uno studente. Il cancelliere è colui che durante la cerimonia della Laurea consegna gli emblemi dottorali: anello, pergamena, laurea, etc. con elementi sacrali.

L'esame finale a Bologna si distingue in due parti: sostanziale e cerimoniale. La parte sostanziale è un esame privato a porte chiuse; la parte cerimoniale è la messa in scena della città. L'elemento del privilegio (ecclesiastico o imperiale) assieme all'elemento corporativo, assieme al rapporto ricerca/insegnamento. Oggi si hanno due archivi storici dell'università: uno riguarda i documenti storici dello *studium* che stanno in ateneo, e l'altro è nell'archivio della curia arcivescovile, molto più antico.

A Parigi studenti e professori stanno nella medesima corporazione. Gli intellettuali (signori) del diritto sono i civilisti, glossatori, commentatori, che sono gli interpreti del testo giustinianeo, professori nelle università medievali, signori del diritto che costruiscono con materiali antichi il diritto "attuale". Il Diritto Medievale è un diritto di costruzione. Questi nomi vengono fuori dal genere letterario che privilegiavano i primi e privilegiavano i secondi. I glossatori in quanto autori di glosse, ed i commentatori di commenti. In comune hanno quell'impianto didattico fondato sulla lettura che resta immutato; i glossatori son rimasti famosi per il loro genere: quello di aggiungere note per spiegare il testo, in aggiunta al testo stesso. La glossa è interlineare (tra un rigo ed un altro) o marginale (che si appone ai margini del testo normativo). Le glosse interlineari occupano poco spazio, quelle marginali hanno un contenuto più esteso. Quindi si può immaginare che quelle interlineari riguardano la *littera* in quanto grammaticali, invece quelle marginali riguardano la *mens* della legge e non solo la *littera*.

Le glosse più risalenti rinviano probabilmente ad un divieto di Giustiniano (età pre-bolognese), come l'interpretazione della compilazione. Si poteva fare solo un passo di raccordo, ma non una interpretazione, si può fare solo un richiamo ad un'altra legge. Le prime sono solo semplici rinvii interni e non commenti od interpretazioni. Il testo non è sistematico, ma disperso ed sistematico. E' l'interprete che decide dove finisce la *littera* ed inizia la *mens*. L'atteggiamento dell'interprete nei confronti del diritto o è volontaristico o è razionalistico: volontaristica è quella visione che vede il diritto come una volontà, quindi il diritto è posto da una volontà (diritto positivo); la visione razionalistica (realistica) è quella in cui si crede che il diritto preceda la volontà: il diritto è nella natura delle cose (diritto naturale), e quindi l'interprete non lo modifica ma lo vuole solo rendere comprensibile a tutti per consentirne l'ubbidienza automatica. Il compito del giurista è complicato in quanto bisogna mediante talune tecniche trovare un diritto che non è posto da una volontà ma è nella natura: l'interpretazione diviene semplicemente arte di trovare.

Il giurista sulla carta dovrebbe limitarsi a spiegare la carta per facilitarne l'ubbidienza diretta, oppure dovrebbe avere una funzione più impegnativa: sulla carta ci aspettiamo che una visione volontaristica riduca a poiesi l'interpretazione a differenza della visione. I glossatori ed i commentatori avevano un limite astratto che non potevano oltrepassare: il diritto era una religione e non poteva essere cambiato, non si poteva modificare a proprio piacimento anche se dalla promulgazione fossero trascorsi 600 anni, altrimenti sarebbe stato far dire al testo ciò che in realtà il testo non diceva. Uno dei strumenti per violare il testo era accorciando ed allargando l'area della *littera* e della *mens* (in base alla convenienza si interpretava alla lettera o in modo allegorico). Il più formidabile strumento per costruire un diritto nuovo fu quello filosofico della causa utilizzato cospicuamente di commentatori che conoscono un Aristotele che non conoscono i glossatori (*causa finalis: ratio*: scopo della norma)

18. La verità nel Medioevo: *Ars Inveniendi*

L'*ars inveniendi* è una scienza dimostrativa: a partire da assiomi si deduce arrivando al diritto o alla scienza concreta, facendo pensare al modello tipicamente scientista dei saperi. La cultura medievale è tutta protesa alla ricerca della verità probabile e contrariamente ai luoghi comuni (la verità degli *ipse dixit*) si ritiene verità quella insondabile. L'uso di *probabilis* è usato completamente in modo diverso rispetto a come viene utilizzato al giorno d'oggi mediante la statistica ed altro: si fa riferimento alla verità incompiuta ed imperfetta che non viene direttamente da Dio ed è ancorata agli accadimenti umani ed è usato nell'accezione aristotelica: la verità è la verità di chi sa e non quella della *maior pars* ma della *sanior pars*. Esistono questi due principi: quello della maggioranza e quello della *sanior pars*.

Ha l'autorità di dire la verità colui il quale è difficilmente battibile e la probabilità è quella che è difficilmente falsificabile. La verità è probabile perché frutto di una dialettica, di un torneo, di un combattimento, ed ha la meglio chi costruisce un documento migliore dell'altro (che non è necessariamente la verità). La scienza medievale è una *ars inveniendi* in quanto i testi romani nelle mani degli

98

interpreti medievali null'altro sono che materiali, strumenti, attrezzi di lavoro.

I materiali romani in base al contesto storico assumo dei significati diversi, come quei costruttori che per edificare edifici d'architettura diversa utilizzavano materiali dei ruderi romani. Il diritto è di costruzione e i giuristi venivano chiamati a costruire gli istituti giuridici, non li trovavano belli e fatti ma disseminati in un numero sterminato di *sedes*, di luoghi della compilazione giustinianea. Questo materiale che si trovavano davanti veniva qualificato come disperso in quanto il *corpus iuris civilis* ha una sua intrinseca qualità: la dispersione in quanto è un ipertesto come se fosse una rete, bisogna lì scegliere un percorso da seguire. Si costruiscono i percorsi che si vogliono raggiungere. Può essere letto un numero infinito di volte diverso l'una dall'altra in base al tema da seguire.

I commentatori potevano avvalersi di un patrimonio logico e filosofico maggiore rispetto ai glossatori in quanto erano giunte in Europa un numero maestoso di opere greche classiche fino all'allora sconosciuto. Jacobus De Reviniis[15], nella Francia del 1200 scopre che "non c'è una norma che vincola l'uomo all'alimentazione della moglie non dotata (nel *corpus iuris*)". C'è un certo scarto tra verità e realtà: i

---

[15] Jack De Revigny.

commentatori, a differenza dei glossatori, sono consapevoli e convinti che il testo giustinianeo contiene la verità ma sviluppano la consapevolezza che non sempre c'è un rapporto corrispondente tra realtà e verità: c'è una verità fuori dal testo. La Teologia nasce quando chi studia la sacra pagina si pone delle domande alle quali non si può rispondere con la sola *"littera"* del testo: è necessaria una interpretazione.

Jacobus potrebbe pensare che ci sia una lacuna nel testo oppure che il legislatore non intenda affermare alcun obbligo a riguardo. Si potrebbe pensare che l'obbligo non sussiste oppure che ci sia una lacuna (colmabile per analogia?).

- C'è una norma che obbliga il marito a sostenere le spese del funerale qualora la moglie premuoia. E' assiomatico che il marito deve alla moglie qualcosa più da viva che da morta. Se il marito deve seppellire la moglie interviene un strumentario aristotelico, a maggior ragione da viva gli deve di più (a *fortiori*). Soluzione: il marito deve sostenere la moglie da viva anche quando non è dotata. Sulla base delle categorie aristoteliche si trovano nuove argomentazioni all'interno del testo.

Francisco Suarez scrive un'operetta assai singolare all'interno del commento alla Genesi e si pone il problema di come sarebbe stato il Paradiso se non ci fosse stati il peccato originale, e si domandava se Adamo ed Eva si fossero uniti avendo una prole. Quando Francisco insegnava a Roma il Papa andava a seguire le sue lezioni. La prole non è frutto della concupiscenza ma frutto della conservazione della specie. Un modo corretto ed appropriato di distinguere il lavoro dei commentatori e dei glossatori è conoscere il bagaglio di conoscenze dei primi e dei secondo. I glossatori erano dei giuristi costituiti come tali solo da poco come tipo sociologico da una o due generazioni grazie a quel testo. Il dominio del *Corpus Iuris Civilis* non poteva assumersi in una sola generazione, ma è stato necessario circa un periodo di centocinquanta anni. E' stato necessario fare della compilazione giustinianea un *corpus*. Queste connessioni non erano evidenti ed avevano una sorta di disinvolta noncuranza dei diritti concorrenti del Diritto Romano (Diritto Longobardo, che non si studiava nella scuola dei glossatori; Diritto Feudale ha una sorte diversa e viene inserito all'interno del *Corpus Iuris Civilis* come parte delle novelle costituzioni di Giustiniano).

Tutto il meccanismo di queste glosse fa di questo libro un ipertesto[16] completo, ed una glossa è di solito un insieme di rinvii ad altre parti del libro. Con le glosse si fa della compilazione un *Corpus* in quanto si aggiungono le connessioni ipertestuali come in una rete

---

[16] Al pari dei vari collegamenti della rete internet.

di ragno. Con Accursio il lavoro dei glossatori è terminato in quanto si ha un dominio del *corpus* completo mediante taluni apparati anche mnemotecnici[17]. Il Diritto Canonico è citato solo due o tre volte nell'apparato accursiano. I commentatori devono misurarsi non con i glossatori, ma con i nuovi strumenti, le nuove consuetudini, i nuovi diritti, le nuove leggi circostanti.

Il Diritto Comune acquista in base al contesto storico una maggiore o minore centralità negli studi dei giuristi. Col passare il tempo il Diritto Comune diventa quello centrale verso il quale orbitano tutti gli altri diritti. Il testo Giustinianeo s'è sempre studiato in qualsiasi tempo nel Medioevo in quanto la formazione del giurista si ha con lo studio del Diritto giustinianeo. Il fatto che i glossatori si chiamino così non vuol dire che loro scrivessero soltanto glosse, ma scrivevano anche altrettante opere frutto della didattica anche se la preminenza è stata sullo studio Bolognese delle glosse (a Bologna prevaleva l'esegesi testuale del Corpus Iuris Civilis col metodo della glossa). Quando un *apparatus* si consolida e diventa un apparato standard *"in forma"* e non più *"sine formam"*. L'apparato è una catena

---

[17] La Mnemotecnica è l'arte della memoria nata nell'antichità e rianalizzata e studiata da Giordano Bruno.

stabilizzato di glosse ed è il genere letterario principale
a Bologna.

L'apparato non è utile per la procedura, ma solo
per la teoria.

Le summe invece sono altro, diffuse anche nel
diritto canonico e nella Teologia. La *summa* è una
produzione sistematizzante con dimensioni più ridotte
dell'apparato: la summa segue l'andamento del *corpus*
organizzato per rubriche, scompare il testo romano ed
è una trattazione sistematica della materia. Non si
trovano discorsi vaghi, ma discorsi costruiti sulle fonti.
La *summola* è una *summa* tematica, su un certo
argomento (tortura, eresia, pena, appello, etc.). C'è una
linea che ha una propensione teoretica testuale, ed una
linea che ha una propensione più riguardata alla prassi.

A Bologna prevale la linea teoretica testuale
dell'apparato, e quindi c'è sebbene minoranza di
pragmatica (altrove è magari maggioranza), questa
linea si differenzia dalla prima in quanto non ha mai
reciso i legami con le arti liberali ed è una tendenza che
ha solidi agganci con la Provenza con l'atteggiamento
di vedere il diritto come un affare serio dominato con
una tecnica raffinata ma non si può fare a meno della
linea classica. L'altra linea prevede che tutto è possibile
trovare all'interno del *Corpus Iuris Civilis*. Si ritiene
che queste due linee abbiamo avuto scaturigine da due
maestri: Bulgaro (più attento al *rigor iuris*) e Martino

Gosia (giurista validissimo molto più attento agli aspetti equitativi non solo come temperamento ma anche secondo i principi del diritto ecclesiastico), i quali dissentivano su qualunque cosa.

Odofredo scrive una *lectura* e non un apparato: una lezione.

19.Glossa, commento, summa.

La Scienza medievale è una scienza di costruzione a partire da materiale antico e sorge su tale materiale, invece la Scienza moderna è deduttivistica alla maniera dei modelli nati nel '500-'600 (razionalistico, etc.). La ricerca nel campo del diritto è connotata da questa continua controversia che c'è tra aule e scuole diverse. *Probabilis* va inteso aristotelicamente riferito al concetto di glossa. "I maestri del diritto", coloro che hanno il potere di dire la verità, vanno ricondotti agli antichi sapienti. I Giuristi sono dei sapienti ed il diritto è un teatro di giustizia dove si drammatizza il vivere sociale e dove si mette in scena la realtà.

I glossatori si chiamano così dalla loro attività: la "glossa" è un annotazione che serve a spiegare il testo. Il commento invece è un *expositio generalis super textus*: è diverso dalla summa (organizzazione sistematizzante del contenuto del testo). L'apparato è il massimo dell'analitica e non è sintetico (segue i testi uno appresso all'altro). L'apparato segue passo dopo passo il testo giustinianeo e non lo può saltare per niente; la differenza privilegia la materia, l'argomento; il commento non è invece così propenso alla sintesi in quanto protratto al testo. L'apparato ordinario standard è quello di Accursio: un commentario successivo non contiene più il testo giustinianeo: il commentario presuppone il testo e non lo riporta più.

Il commento ha in comune con l'apparato la sequenza del testo: entrambi seguono il testo ma il commento non lo riporta. Nel commento si dà un'idea d'insieme del testo e lo si espone facendo riferimenti a vari testi, commentari, apparati, etc. C'è un modello di congiunzione tra il genere di congiunzione tra apparato e commento che è la *lectura* di Odofredo: ci sono quelli a Bologna che prediligono l'esegesi testuale (Glossa ed apparato), e chi invece è più interessato alla prassi (*summe*, procedimenti, etc.).

Quelli più propensi alla prassi vengono ricondotti a Martino Gosia che non si scioglie mai dalle arti liberali. Ci sono tante differenze tra glossatori e commentatori. La glossa è una spiegazione sopra il testo, e nel commento invece scompare il testo ma segue la distribuzione l'articolazione del testo stesso. La summa può essere meramente tematica e può prendere il nome di *summola*. Vi è un dato oggettivo di noncuranza in quanto il diritto dei glossatori non era ampiamente sparso e sviluppato: non ci si occupa dei diritti particolari in quanto tali diritti ancora non si sono sviluppati. Se non c'è un grande sviluppo dei diritti particolari è perché non c'è un grande sviluppo dei poteri politici.

Non bisogna soffermarsi ai libri ed alle norme quando si studia la storia del diritto: l'estensione delle glosse ai diritti particolari avviene innanzitutto per uno sviluppo politico e non giuridico. Il diritto dei mercanti è giuridicamente irrilevante, ma diverrà oggetto di glossa in quanto i mercanti cominciarono a divenire politicamente trainanti in una società proto borghese. I glossatori danno a vedere una disinvolta superiorità al Diritto Canonico anche se è cospicuo il lavoro di commento su tale diritto e la stessa cosa interessa pure i diritto particolari. I commentatori alzano la posta: il loro obbiettivo è di gran lunga ambizioso: vogliono esercitare come monopolio la conoscenza dei fatti sociali e divenire teorici della società. La società al tempo dei commentatori è più articolata e configgente rispetto a quella dei glossatori.

Di fronte ad un marcatissimo pluralismo giuridico bisogna scegliere tra arroccarsi sul *corpus iuris civilis* o aprirsi ai diritti particolari. Ma i diritti particolari non vengono neanche chiamati diritti ma "*statuta*"[18]. Il giurista che resta arroccato al *ius civile* resta un antiquario e non un possessore dei fatti sociali: il giurista usa i testi antichi per attrezzarsi nell'analisi della società. L'aprirsi ai diritti particolari serve a comparare i vari ordinamenti: statali, universitari, canonico, comunale, mercantile, etc.

Il Diritto Comune illumina tutti gli altri diritti: questi si piegano utilizzati e manovrati all'interno del sistema giuridico unitario. La città è governata da un'assemblea generale, da un consiglio ristretto, etc. Le norme deliberate dall'assemblea che insieme prendono il nome di statuta, che sono relativi all'amministrazione della città in tutti i campi. Lo Statuto può deliberare in materia di decoro della città. Il giudice della città applica il diritto proprio. In questa prospettiva si capisce che nella attuazione del diritto, sulla base dell'ambito politico/territoriale si applica il diritto proprio (quotidiano/politico), ed il diritto comune è sussidiario. Nelle università si studia però il Diritto Comune (anziché il diritto proprio) perché dà gli strumenti (per approccio al/del diritto). Non si poteva

---

[18] Statuta perché ogni diritto particolare era diritto della Città, e quindi il suo diritto non poteva che essere raccolto in una forma di statuto.

ragionare giuridicamente senza gli strumenti del Diritto fondamentale[19].

20. La crisi del diritto comune

Uno studio particolareggiato relativo soprattutto alla topica è la distinzione tra specie e genere era nella scienza medievale l'*ars inveniendi,* emergendo il carattere probabile, il carattere dialogico, dialettico, e la differenza tra commentatori e glossatori sull'utilizzo del testo: costruzione e sintesi degli uni a differenza della padronanza dell'altro. Nel paradigma dei "Signori del Diritto" questo si formava nell'università in cui si svisceravano le fonti e in cui si cercava la differenza tra realtà e verità.

L'età del commento è molto proficua come produzione, e le opere del commento con la scrittura a stampa si diffusero sia per abbassamento dei prezzi, sia per produzione "di massa". Il '500 è il secolo della grande editoria giuridica: Venezia, Lione, Parigi. Le copie della glossa vengono riprodotte moltissimo e vengono pubblicate e stampate in un numero consistente di copie.

---

[19] Si pensi alla propedeuticità che oggi ci viene data dalle Istituzioni di Diritto Romano, e dalle Istituzioni di Diritto Privato.

La stregoneria nel trecento era assimilata all'eresia: era eretico chi non credeva nel patto col demonio. L'eretico non è un infedele, ma il mal credente: chi crede male. Si riteneva eretico chi credeva nella stregoneria. Con Graziano si intima ai vescovi di allontanare dalla diocesi tutti quelli che credessero nella stregoneria (nel volo notturno delle streghe). Nell'arco di due secoli questa posizione iniziale viene ribaltata mediante provvedimenti ecclesiastici (decretali): è eretico chi non crede nella realtà del fenomeno.

La stregoneria è associata all'eresia: i beni degli eretici vengono confiscati, chi si è macchiato di eresia perde tutti i suoi beni, se la stregoneria è eresia anche i familiari dell'eretico subisce gli effetti del reato d'eresia. Essere eretico significa attribuire al demonio un potere che non è del demonio: se si attribuisce al demonio l'onniscienza si attribuisce al demonio un potere che non ha. Attribuire al demonio la sua formidabile capacità di tentare significa non commettere eresia perché ad esso si attribuisce la sua capacità.

Quindi non si può accusare di eresia ma di superstizione semmai. Gli esempi dei casi trattati dagli avvocati circolano liberamente. Un trattato del '500 di demonologia citerà sempre il responso di Oldrado. L'oggetto della circolazione diventa *communis opinio*.

La prima scuola è quella del dominio del corpo (*iuris*) sviluppandosi sui diritti particolari fino all'apparato accursiano. La seconda scuola è quella dei commentatori che cercano di assonare di dissonanze, di creare armonia tra le discordie mediante l'*interpretatio* degli istituti giuridici. Gli istituti c'erano, e l'età del commento entrò in crisi assieme al Diritto Comune classico sul finire del '400 ed inizio '500 per tutta una serie di ragioni di carattere filosofico, istituzionale, esegetico.

Uno dei fattori di contributo alla crisi di questa grande stagione fu la diversa organizzazione delle fonti. Quella prevalenza del Diritto Comune come diritto universale tipica del medioevo entra in crisi. E' l'epoca delle guerre di religione. Si opera una spaccatura orizzontale nella *Respublica Christiana*: gli orientamenti religiosi si dividono, orientamenti che influiscono nei campi di diritto civile, commerciale, etc. La perdita di questo orizzonte comune universalistico è l'emersione prepotente di fonti del diritto più forti di quello comune nella vigenza. Il diritto comune diventa sempre più un diritto sussidiario.

Il diritto comune comincia ad essere sempre più ricettacolo di razionalità, un serbatoio della razionalità del diritto. L'illuminismo troverà un nuovo cosmopolitismo facendo valere il codice per tutti. Il codice civile fu un codice borghese di una classe che pretendeva di esercitare una egemonia su tutto il mondo: il codice si andò ad espandere in tutto il mondo dopo il colonialismo. L'ufficio prescinde dalla figura dell'ufficiale, in quanto precedentemente l'ufficio corrispondeva con l'ufficiale nella vecchia burocrazia.

Stati cospicui come il regno di Francia si dotano di apparati complessi ed anche di un nuovo ceto dirigente di giuristi prevalentemente giudici. Nascono tribunali quali: le Rote, Senati, Parlamenti, Gran Consigli, etc. Si raccolgono *decisiones* dei grandi tribunali che a volte sono *reports* delle sentenze o delle decisioni: ci si incarica di raccogliere sentenze o decisioni, ma si tratta di rendiconti di come ci si è arrivati a quella sentenza: la produzione non viene dalle aule universitarie ma dai tribunali.

La Rota genovese è un tribunale espertissimo di casi commerciali. La *Lex mercatoria* non conteneva solo raccolte di consuetudini mercantili ma anche: geografia, notizie sui porti, tecniche di navigazione, astronomia, precetti etici e morali (come si comporta un mercante e la sua famiglia, ruolo della famiglia e dei figli, sfera etica, abbigliamento, fama), nozioni di lingue (termini commerciali usati in lingue volgari), economia domestica. I mercanti chiamavano il diritto *Lex*, ma il diritto mercantile non lo chiamavano diritto, ma lo consideravano regolamento etico e morale, *curiositas*[20]. Nel Medioevo esiste il criterio della trasparenza: nella vita prima o poi ci si può aspettare di incontrare lo sguardo con tutti quanti, in ogni caso questa comunità si regge sul riconoscimento "dell'autoriconoscimento". L'idea di estraneo e non riconoscibile è inquietante, e quell'idea di perturbanza che sta alla base della tecnica narrativa del "doppio".

Compaiono gli uomini senza Signore, uomini dei quali non si capisce (né intuisce) a quale potere è suddito. Nasce il concetto di estraneità che scompagina l'ordine. Si allentano i confini di controllo sociale e l'antropologia dell'uomo. L'uomo medievale conosce bene la menzogna ma è una variante fisiologica della verità. La parabola dell'uomo trasparente significa che la menzogna è l'altra faccia della medaglia, ed il luogo della verità è strumento linguistico. Non c'è una verità che sfugge al soggetto. Il buon cortigiano è colui che rispetta le arti di governo ed usa lo strumento della simulazione e della dissimulazione: la verità diventa e si insinua nell'animo dell'uomo come estranea persino al soggetto che l'allontana e la rifiuta.

La fine del '400 vede iniziare un interesse nuovo per l'antichità. Il mondo antico è il mondo che ha preceduto l'età di mezzo e non che ha preceduto

---

[20] Termine che prende un'accezione positiva solo a partire dal '500, prima era un vizio: un conoscere fine a sé stesso.

l'Umanesimo. L'Umanesimo è l'età in cui si scoprono i grandi falsi del passato e la filologia produce un rapporto diverso con i testi giustinianei: i testi vengono studiati, elaborati, commentati, criticati, interpretati: il Diritto Romano viene restituito ai romani. Gli umanisti sono interessati al Diritto Romano dei romani. La corruzione del Diritto Romano è avvenuta a causa di Giustiniano (e Triboniano). Viene creata un'opera appunto chiamata l'Antitriboniano. La seconda scolastica nel commentare San Tommaso utilizzano in modo esperto il Diritto e la Teologia con apporto decisivo per il diritto moderno.

21. Il passaggio dal Medioevo all'Umanesimo

Il Medioevo era un'età della trasparenza: il Moderno nasce come ordine di scompaginazione di quell'orientamento. E' un'età in cui si allentano le maglie del controllo sociale e della ricerca di nuovo controllo sociale; nel Moderno il problema del riconoscimento non si pone così come nel medievale. Tutto ciò a che fare col Diritto Medievale poiché si mette in mostra la differenza e la diseguaglianza e non vi è angustia. Si formalizza la diseguaglianza degli uomini di fronte al diritto: vi sono tanti diritti quanti classi sociali.

La presenza di questi "uomini senza Signore", rappresentando l'elemento perturbativo del passaggio dal Medioevo all'umanesimo, elimina le sicurezze del Medioevo e si allentano i legami sociali tipici dell'età medievale, tempo in cui la mobilità sociale era regolata, e veniva fuori una società meno corporata e dove emerge l'individuo e la soggettività. Comincia dal punto di vista antropologico a costituirsi una differenza tra il Sé e l'Altro, tra l'interno e l'esterno, tra ciò che si dice e ciò di cui si parla (tra esplicito ed implicito, tra enunciato ed enunciazione).

L'enunciato è ciò che si dice ed enunciazione è ciò di cui si parla. I discorsi poverissimi d'implicito sono tutti i discorsi che fanno gli uomini all'interno delle strutturazioni. La verità ed il falso giocano la loro partita da sempre nell'espressione verbale e con la nascita del moderno più nel '600 che nel '500 è contrassegnato da una più netta separazione tra ciò che si dice e ciò di cui si parla. Insieme al diritto sta nascendo un nuovo sapere: la teoria politica.

Nell'arte del governo degli uomini si fa strada l'idea che simulazione e dissimulazione sono strumenti utilissimi nel retto governo tanto che il buon cortigiano di Baldassar Castiglione da gli insegnamenti al principe di come far passare il falso per vero e viceversa. Sta nascendo una consapevolezza della soggettività e differenza tra il singolo e l'esterno (avrà enorme conseguenze sul principio di proprietà). La verità cambia posto sempre più e si sposta dal *medium* linguistico per arrivare nel '600 con "L'arte de cenni" per scoprire la verità o la menzogna sulla base di piccoli movimenti o atteggiamenti della mimetica facciale. Analiticamente vengono classificati i dettagli del soma umano e di come questi dettagli si possa scoprire se un accusato sta mentendo o dice la verità.

La disputa tra realisti e nominalisti si svolgeva soprattutto nelle scuole dei Parigi. Anche nella filosofia contemporanea ci si può schierare in uno di questi due fronti. Quanto vi è una visione tomistica si ha una visione realista della realtà, ma quando entra in crisi il tomismo, la voce minoritaria diventa maggioritaria: quella nominalista. Il passaggio dal Medioevo al Moderno, vede il gioco tra il vecchio che resiste ed il nuovo che avanza, sul piano di elementi più radicali della visione del mondo e del rapporto con gli altri. Il riferimento alla politica è uno degli elementi per farci capire l'introduzione al Moderno: gli intellettuali del Medioevo sono i giuristi, i teologi, i filosofi e non ci sono teorici della politica e dell'economia, quindi è solo il giurista il teorico dei fatti sociali.

Lo storico dell'economia medievale andrà a cercare le fonti nei giuristi, nei trattati dei francescani in quanto tra tutti, essi erano i più sensibili alla sfera oggi chiamata economia: povertà, usura, carità, comunione, etc. Nell'età moderna il giurista non ha più il monopolio della scienza dei fatti sociali. Nasce il filosofo-giurista, il fisico, lo scienziato-sperimentalista. Dopo la frantumazione delle arti liberali e l'emersione dell'università, col '500 si ha la messa in discussione dei vecchi assetti e la nascita di nuovi saperi: chi si occupa di politica non è più un giurista: c'è un diverso assetto dei saperi, della circolazione di saperi e rapporti dei poteri.

Il tramonto del Medioevo è anche la nascita di una condizione d'angoscia: l'angoscia e la paura sono due condizioni d'anima (mente, spirito) diverse: la paura è timore di qualcosa di conosciuto; l'angoscia è paura dello sconosciuto, turba ma non si sa esattamente di cosa si tratta (v. Soren Aabye Kierkegaard). L'angoscia segna il passaggio dal Medioevo al Moderno: l'angoscia fa comprendere il passaggio verso il Moderno, in quanto tale condizione fa capire il passaggio da una società in cui tutto è conosciuto ed i legami sociali sono forti, e una società in cui i legami sociali sono deboli, nascono i vagabondi (in massa), etc. Gli "uomini senza Signore" sono "senza volto".

Questa espressione *"Heimlich/Unheimlich"* ha un riflesso in ambito storico: queste due parole sono l'una il contrario dell'altra ma non hanno un significato difficile: *Heimlich* significa familiare, riguardante il domestico, etc. *Unheimlich* singifica non familiare, e per il quale si ha una maggiore difficoltà di comprensione: potrebbe essere tradotto come inconsueto, angosciante, perturbante (v. Sigmund Freud), etc. Nella letteratura europea ottocentesca nasce la teoria del doppio che riprende il concetto di perturbante (*Unheimlich*). Nel Medioevo non vi è perturbanza: tutto è ben inquadrato all'interno di schemi ben precisi, anche se conosciuti male, ma inquadrati. Nel Moderno comincia ad insinuarsi il dubbio che ci possa essere qualcosa di alieno, una verità nascosta all'esterno. Sta nascendo l'idea di interiorità.

L'idea di "Riserva mentale" ha origine nella trattatistica seicentesca in cui si poneva il problema giuridico e morale "se un uomo diceva il falso in una data condizione, allora in verità quello era il vero". Secondo i francescani la risposta è l'insieme della parte verbale e della parte mentale. Dall'insieme della parte verbale e della riserva mentale si definisce una espressione vera o falsa[21].

L'antropologia è nata dal seno del diritto: un giurista della seconda metà dell'Ottocento (Henry

---

[21] Esempio: Io ho soldi. Lo squattrinato prodigo mi chiede dei soldi. Gli rispondo di non averne, pensando che non ne ho per lui. La mia non è una menzogna, sebbene non abbia reso esplicito la mia riserva mentale.

Maine[22]) scrisse un libro chiamato "Dallo *Status* al contratto", e nasce l'antropologia sociale per ragioni di dominio. Al diritto si può avere due tipi di approcci, o uno familiare/naturale, o uno locale/culturale e ciò serve per comprendere il rapporto tra giusnaturalismo e positivismo giuridico. Il diritto è scritto nella natura delle cose oppure è scritto nella volontà.

Se il diritto è familiare/naturale si può dire che il Diritto Romano non solo è un diritto razionale, ma è il più razionale mai prodotto dalla civiltà umana. Se si dice che la romanità ha raggiunto la razionalità massima non è difficile capire che la natura coincide con la razionalità. Il primo risultato è che se il codice civile è il diritto naturale messo per iscritto allora il c.c. è universale e cosmopolita, e non solo è diritto codificato ma è il migliore dei diritti possibili. Il nostro presente è il migliore dei mondi possibili (operazione puramente ideologica).

Il lavoro dello Storia è di interpretazione, di decifrazione, di individuare il non detto, di vedere come questo apparato sia stato un apparato ideologico,

---

[22] Sir Henry James Sumner Maine (Inghilterra, 1822 – Francia, 3 febbraio 1888) è stato un giurista britannico, fra quelli di maggior rilievo del periodo vittoriano.
Alcune delle sue opere gli hanno permesso di essere ancora oggi ricordato come una pietra miliare nell'evoluzione della giurisprudenza anglosassone.

una rappresentazione della società assolutamente scientifica, che sia né più né meno la rappresentazione di una società determinata rispondente a vari rapporti sociali.

Se il Diritto Romano è il più razionale dei diritti possibili allora esso di riproduce continuamente. La Storia del Diritto Medievale e Moderno così come noi la conosciamo nasce col nome di "Storia del Diritto Italiano" a seguito dell'Unità d'Italia, assieme al codice civile del 1865. Fino al 1970 lo studio era solo sul Medioevo, ed il "Diritto Comune" attuale è un residuo di quella materia (ideologia).

Qui "locale" non ha una valenza solo spaziale, vuol dire un dato luogo in un dato tempo, e dire che il diritto sia locale/culturale segue una idea di localizzazione spaziale e temporale. Nel linguaggio degli antropologi si esalta la relatività e la storicità del diritto. Questa visione in una corrente nordamericana dell'antropologia si ispira nella neotania[23] che dice che tra tutti gli esseri viventi l'uomo è quello che viene alla vita nel modo più immaturo, che mantiene tratti infantili molto più a lungo di tutte le altre specie. Secondo questa interpretazione antropologica (e biologica) l'uomo è molto più lento rispetto agli altri

---

[23] Fenomeno evolutivo per cui negli individui adulti di una specie permangono le caratteristiche morfologiche e fisiologiche tipiche di forme giovanili degli antenati

animali nello svilupparsi in quanto incapace di sopravvivere per lungo tempo senza l'assistenza della madre.

La natura sono gli attrezzi interni, la cultura sono attrezzi esterni per sopravvivere. In questa prospettiva gli attrezzi esterni sono strettamente connessi con gli attrezzi interni. Sul piano del diritto non c'è motivo di immaginare come la storia giuridica sia un aurorale cammino dal più perfetto al meno perfetto, che non c'è fenomeno giuridico che non sia ascrivibile al contesto sociale, culturale, economico, che lo ha visto prodursi (questo vuol dire locale).

22. Martin Lutero e la riforma protestante.

La civiltà europea è profondamente innervata di motivi religiosi, di motivi teologici e ci sono taluni studiosi che sostengono che il primo edificio giuridico, il primo soggetto politico che regola se stesso ponendo nel Medioevo una struttura complessa ed organizzata è la Chiesa. Ciò avvenne soprattutto in due momenti: *Datus Papae* e riforma gregoriana. La materia trattata dalla Chiesa non è limitata a materie sacramentali, ma si estende ad altri ambienti. La struttura secolare degli Stati si mette al servizio della Chiesa. Sulla base dei propri parametri la Chiesa avoca a sé la sfera della vita delle persone per la regolazione: l'immersione della Chiesa è nel seculum. Non è necessariamente l'unica scelta possibile, ma è una opzione teologica. Un'altra scelta è quella adottata dal monachesimo.

Con la riforma gregoriana si fa avanti un modello esattamente opposto: "Se Cristo si incarna allora la sfera in cui la Chiesa opera è la vita terrena anche se si proietta nel trascendente." Questa opzione teologica ha delle conseguenze enormi: adozione della struttura della Chiesa nel *seculum*, in cui tutto soggiace alla potestà papale temporale. La Chiesa esercita un opzione per il tempo, per la vita concreta. C'è un altro aspetto che viene preso attentamente in considerazione e ci introduce alla sensibilità giuridica che si sviluppa in questo soggetto politico: realizzare la regolamentazione di una massa di decisioni, regole prodottesi nell'arco di secoli che sancisce il carattere verticale dell'organizzazione che si sta costruendo perché solo al centro di una struttura verticale si giustifica una operazione come quella del decreto di Graziano: concordanza dei canoni discordanti. Solo con una operazione di riferimento ad una sede potestativa iniziale ha senso costruire un edificio che sia organicamente organizzato e che quindi giustifichi i contrasti che emergono all'interno di una massa stratificata lungo secoli.

Se noi osserviamo l'azione promossa da questo soggetto politico osserviamo una azione che punta a costruire un ordine che ha un carattere mimetico rispetto all'ordine razionale deposto nelle cose, nel fatto che il creato essendo opera del Creatore reca la traccia della razionalità del suo Creatore, e ciò viene dimostrato sulla base di regole molto elementari: per un medievale che investe le sue attività nella coltivazione della terra, del raccolto, il fatto che la natura abbia una ciclicità, funzionalità rispetto al suo lavoro, è manifestazione di questa razionalità che ciclicamente assume la prevedibilità e la calcolabilità delle proprie azioni. Rispetto a quest'ordine che è naturale, la Chiesa è mimetica perché imita e trae in sé l'idea che il cosmo non accada a caso, che nulla accada casualmente, che nella vita non ci sia nulla che accada casualmente.

Un ordine quello della Chiesa in cui le discordanze trovano una concordanza, un ordine vero e proprio: una tesi del Diritto Canonico che entri in contraddizione con un altro deve portare in fine a concordia, quindi bisogna "concordare" le discordie. I medievali non sapevano di chiamarsi medievali, ma convenzionalmente sul declinare del VX secolo si entra nell'età moderna. Al di là della definizione artificiale e necessariamente convenzionale delle definizioni non c'è dubbio che il declinare del Medioevo è l'inizio di un nuovo tempo cronologico che porta profonde trasformazioni, e questa idea dell'unità del mondo teologica, politica, e della Chiesa come soggetto universale non territoriale (in quanto soggetto riferito a soggetto in carne ed ossa attraverso uffici, polizia, etc,) non si rivolge a questi o a quelli per principio territoriale. La Chiesa incarna in sé il principio di universalità del potere politico in ragione della *salus animarum*. Ed è precisamente su questo in cui vi sia stata discordia tra Papa ed Imperatore. L'orizzonte del Papa è universale e non è legato a nessun territorio specifico.

L'orizzonte del Papa è la *Salus Animarum*: la salvezza eterna. Questo proferimento potrebbe apparire dissonante alla nostra attuale mentalità. La vita degli uomini medievali è pregna di trascendenza, così è la mente, e l'orientamento di pensiero. La Cattedrale è un inno alla trascendenza, alla potenza di Dio, etc. La donna è una creatura angelicata, mediatrice tra immanenza e trascendenza, e tutto ciò che non si concilia con i canoni della lettura della realtà: era per il medievale una consuetudine. La potestà del Papa pretende per se stessa un ruolo ben più rilevante rispetto a quella dell'imperatore perché è una potestà che guarda alla vita degli uomini al di là dei confini del tempo. Se questo consente la costruzione di un edificio politico così imperioso talmente da arrivare alla lotta per le investiture con l'imperatore, allora tutto questo è leggibile all'interno della visione dell'unità del mondo. Tutto ciò viene inclinato dall'ingresso della modernità: c'è un solo mondo ad immagine e somiglianza divina? O ce ne sono tanti possibili? C'è una sola autorità e un solo diritto? O tante autorità e diritti possibili?

Inevitabilmente percepiamo il sistema di regole di soggetti potestativi, ma la coscienza si risveglia ad uno spettacolo che non si pensava potesse esistere. Se noi volessimo chiederci e sapere in termini molto nozionistici, in termini di riferimento cronologico indicativo, in che momento si situa questo tracollo, questo sfarinarsi di questo mondo, e dove sorge quello seguente, possiamo accogliere una datazione che si riferisce la riforma luterana in cui un monaco affigge 95 tesi che descrivono la sua posizione sulla chiesa e sulla teologia ed infiamma l'Europa per alcuni anni. Lutero pone il problema dell'asimmetria tra clero e fedeli: dice che c'è un problema di ordine culturale, alcuni hanno in mano i testi da cui viene regolata la nostra convivenza, la Chiesa è un potere politico, la Bibbia è un testo normativo, e se soltanto poche persone conoscono il latino solo poche persone possono leggere questi testi. Ma allora i fedeli cosa sanno della Bibbia visto che non la possono leggere?

Si pone un problema editoriale: chi solleva questa obiezione fa una ulteriore operazione: operando la coeva nascita della stampa fa stampare la Bibbia in tedesco e distribuisce alla lettura di conosce quella lingua. Quindi alla radice di una profonda mutazione culturale ed è importante pensare che le modalità di distribuzione della cultura possono essere e sono state uno strumento di modifica degli assetti politici della comunità.

Un altro problema è la rilassatezza dei costumi degli ecclesiastici: Lutero osserva che i Vescovi, gli Abati, i Sacerdoti, predicano castità, povertà, obbedienza, moderazione, semplicità di vita, ma le loro vite non sono ispirate a questi valori. Come è possibile? Come è possibile che soggetti che dovrebbero essere esemplari rispetto agli altri mostrano uno spettacolo di questo tipo? Perché questi valori vengono spesso negati? Perché l'Episcopo che ha questa posizione di beneficio ed eminenza patrimoniale nei confronti di tanti altri non sente questo *benefiucium* come qualcosa legato ad un *officium*, ad un operare, dedicato al proprio ruolo? Come è possibile che soggetti che godano di questo beneficio si disinteressano della *salus animarum*?

C'è un autore (Guglielmo d'Occam) che pone appunto questo problema al punto da essere scomunicato in quanto accusa il Papa dicendo che è l'*Eretiarca* il padre degli eretici, la reincarnazione del diavolo sulla terra. La dottrina dice invece che ci deve essere povertà, nessuna proprietà, carità, etc. Su questa cosa qui nasce una disputa teologica che diventa giuridica e sulla base di ciò si definisce che la Chiesa non è proprietaria dei propri beni ma li utilizza per svolgere determinate funzioni, e questo aspetto viene tirato fuori da Lutero nelle 95 tesi.

L'ulteriore punto di ordine politico dice che se si stabilisce che in materia religiosa non c'è nessuna mediazione tra uomini e Dio, e l'ecclesia è la comunità di coloro che sono chiamati, allora la Chiesa è la comunità dei credenti e non la struttura gerarchica. Il credente non è giustificato al fatto che vi sia un intermediario tra egli e Dio, quindi non si hanno intermediari terreni né tanto meno ultraterreni (v. i Santi).

I luterani rifiutano quindi non solo la gerarchia della Chiesa, ma anche i Santi, e se solo Dio è capace di giustificare gli uomini sulla base della grazia leggendo direttamente nel proprio cuore allora le opere non sostituiscono il fatto che Dio legga nell'interiorità dell'uomo e veda se quell'uomo creda oppure no. Quindi se il rapporto è diretto cade la funzione stessa della Chiesa come apparato, come governo, come soggetto giuridico, come soggetto fautore di norme, e si preparano due possibilità, due ambiti, due contesti: uno terreno dove c'è un'autorità politica che è il sovrano, e poi ve ne è uno ultraterreno in cui Dio è

l'unico sovrano della vita eterna degli uomini ed è
direttamente di fronte a Lui che si verrà giudicati e
nessuno può sostituire Dio nell'esercizio della
"*iurisdictio divina*".

Il modo in cui questo apparato si sostiene, il
prelievo fiscale quindi per la sussistenza della Chiesa,
diviene non più necessario se la Chiesa non è più
intermediatrice: lo faranno i sovrani territoriali, i
principi, i re, gli imperatori, etc. L'antropologia
luterana è molto legata a quella paolina: Ogni potere
viene da Dio e quindi non vi è un potere ecclesiale che
si situa su un piano gerarchico sovraordinato al
principe territoriale in quanto tale non ha nessun
bisogno di intermediazione per sapere se si ha agito
bene o male: Dio saprà.

Lo stesso identico schema vale per il sovrano
territoriale che non deve essere giustificato da un
vescovo o dal Papa in quanto il suo potere deriva
direttamente da Dio ed i beni amministrati direttamente
dall'autorità ecclesiastica verranno incamerati, presi in
carico dall'autorità laica, e l'imposizione fiscale verrà
esercitata laicamente e la ragione concreta storica che
la posizione di Lutero viene sostenuta è precisamente
questa: Lutero affranca l'autorità secolare dal fatto di
essere giustificata dall'autorità religiosa ecclesiastica
in modo da far espandere la sua storia influenza. Lutero
verrà invitato molte volte invitato a discutere le sue

tesi, poi verrà scomunicato, ma verrà protetto da alcuni principi tedeschi che beneficiano di questa soluzione e naturalmente questo cambiamento di orizzonte non comporta che il sovrano che non passa più per il Vescovo ed il Papa possa fare tutto ciò che vuole. Questa trasformazione non libera l'azione politica e la creazione di norme dal rispetto di vincoli etici e produce un principio che comporta un lungo processo che laicizza il potere.

Il potere secolare è utilizzato in ragione delle finalità che il principe assume per conservare meglio il suo principato. E' importante notare che negli stessi anni in cui si produce la riforma protestante viene composto uno dei testi fondamentali della politica moderna: il principe di Machiavelli. Un testo in cui si sancisce si stabilisce un punto fondamentale: l'azione di chi governa è finalizzata alla conservazione delle condizioni che stabiliscano la continuità del principato è ciò è un ribaltamento della situazione religiosa, ma è possibile soltanto al fatto che si assuma che il governo terreno è assoggettato a finalità che non devono essere giustificati da altra autorità che esercita il potere medesimo. E per virtù l'idea che ha accompagnato il potere fa porre la domanda: è lecito abbattere un tiranno? E' lecito disobbedire a colui che non rispetta le leggi divine?

Esiste un potere che preesiste all'esercizio concreto dell'autorità: è la legge che fa il re e non il contrario. In quanto *corpus* razionale oggettivo tutti rispondo alla legge ed in questa fase, nella riflessione di Machiavelli, questo edificio viene rovesciato col principio: *Rex facit legem*.

Da cosa si evince la virtù del principe? Non in base alla adesione ad una religione, ma alla capacità di operare in modo giusto di fronte al caso concreto, con l'assistenza della "fortuna" che è la capacità di leggere attraverso le circostanze, la capacità di posizionare la situazione politica di fronte alla situazione concreta e la virtù non è esattamente calcolabile.

Nel lungo periodo questo ha delle conseguenze gravi anche per noi, nella nostra cultura politica e giuridica: se si assume il fatto che l'azione va commisurata ad esigenze concrete non calcolabili in anticipo si deve dare per inteso che l'azione di governo è in partenza imperfetta e limitata che incontra la possibilità del fallimento in quanto sospesa alla condizione della contingenza e quindi il modo migliore per esercitarla sarà quella di condividerla: a partire dal secolo successivo iniziano a farsi largo in virtù del principio diretto di mediazione, istanze contrattualistiche, democratiche, etc. con autori che riconosco che vi siano situazioni di dimensione politica non riconducibile se non a tanti soggetti, ed attraverso questo si arriverà alle tesi giusnaturalistiche che dicono che non si può mettere nelle mani di chi governa una porzione dei miei beni maggiore di quella che ci mette chi governa. Si affaccia un modello assolutamente nuova che è il contrattualismo.

23. Frammentazione della *Respublica Christiana*

La riforma protestante non ha interessi solo ed esclusivamente teologici: all'inizio del '600 le sfere del diritto e della religione non sono totalmente separabili, ed a seguito di questa "indivisione" nascono tesi in ogni Stato nazionale. La riforma protestante ha delle ricadute politiche e la ricaduta politologica coincidente con la riforma protestante porta a creare uno dei capisaldi più importanti del pensiero Occidentale: "I sei libri della Repubblica". Vengono trattati i temi di rango giuridico e politico più importanti, ma per capire il senso di queste ricadute bisogna capire cosa è stato il Diritto Europeo fino al '500. Per quale motivo si pratica e, alla luce di quale cornice politica e culturale in Europa tra '200 e '300, si afferma un sistema di regolazione risalente a sette secoli prima? Come si giustifica?

Il Diritto Romano viene considerato vigente, e come si spiega che quel diritto possa essere considerato tale? Cosa incoraggia questa condizione? In storiografia si sono enumerate una serie di spiegazioni: si è detto che essendo la cultura medievale universalistica occorresse uno strumento di regolazione che per definizione fosse transnazionale e sviluppatosi nel contesto romano potesse superare le barriere dei primi embrioni europei. In realtà, negli anni quaranta Schmitt scrive un libro importantissimo *"Ex captivitatae salus"* e dice in un modo un po' rattristato che lui è il testimone della tradizione dello *Ius Publicum Europeum*, in quanto con la fine della seconda guerra mondiale, questra tradizione non eisiste più, e chi se n'è fatto erede è un orpello arcaico.

Lo *Ius Publicum Europeum* è una operazione giuridica che nasce da una istanza teorico-culturale (Diritto Romano) e da una istanza potestativa (Chiesa di Roma). Il fatto che ci sia stato un soggetto politico che abbia avuto una propria tradizione concorre a riesumare il Diritto Romano come diritto vigente, ed è condiviso tra molti autori l'idea che c'è stata una sistematizzazione giuridica di cui il primo impulso è dato da questa istanza potestativa che è la Chiesa.

Quello che in sede storiografica è considerato un aneddoto distintivo è una lettera del IX secolo di

Agobardo di Lione[24] a Ludovico il Pio[25] in cui viene trovato irrazionale il fatto che nello stesso territorio convivano due sistemi giuridici differenti vigenti *in rebus transitori*, e gli uomini sono soggetti a diversi sistemi di regolazione quando invece sono tutti assoggettati alla medesima legge che è quella di Cristo. Il Diritto Romano diventa presto diritto vigente in quanto vi è un ceto di giuristi che rendono adattabile a contesti più disparati testi che sono molto remoti, e quindi a risolvere le antinomie.

---

[24] Agobardo di Lione (in latino *Agobardus Lugdunensis*; Spagna, 778 – Lione, 840) è stato un santo e arcivescovo cattolico spagnolo. Fu arcivescovo di Lione e uno dei più insigni rappresentanti del clima di risveglio culturale che venne denominato rinascita carolingia.
Lasciò una *Summa* che ebbe vasta diffusione e fu ristampata anche in epoca recente, perché considerato testo molto importante per conoscere i costumi del IX secolo. Nel suo libro si apprende che all'epoca c'era un fiorente commercio di schiavi, ad avviso di Agobardo tenuto da mercanti ebrei.
Agobardo, come esperto di diritto, ha contribuito per l'eliminazione del principio della *personalità della legge* in base al quale ciascuno era giudicato sulla base del diritto *nazionale* (nel senso etimologico di *nascita*), per sostituirlo con il più moderno principio della territorialità del diritto, uguale per tutti.
[25] Ludovico I, detto Ludovico il Pio o Luigi I (Casseuil-sur-Garonne, 16 aprile 778 – Ingelheim am Rhein, 23 giugno 840), fu re dei Franchi e imperatore dell'Impero carolingio dal 814 all'840.
Il suo nome in francese è *Louis le Pieux* o *Louis le Débonnaire* (il Benevolo), in tedesco è *Ludwig der Fromme*.

Questa prospettiva comincia a vacillare prima della riforma protestante: ci sono dei fatti che si situano tra XIII e XIV secolo che manifestano lo scricchiolare di questo antico edificio. Avviene che in particolare tra '200 e '300 si realizza una fortissima opposizione tra un monarca (Filippo il Bello[26]) e un Papa (Bonifacio VIII[27]) su un argomento di fisco. Nell'Europa medievale la Chiesa non solo un soggetto teologico ma anche politico: i vescovi sono chierici ma anche titolari di giurisdizioni, a volte anche esclusive.

L'autorità del Vescovo è molto capillare e penetrante perché può giudicare anche su comportamenti e su presunzioni di comportamenti. Ad un certo momento un sovrano (Filippo il Bello di Francia) decide che, per finanziare talune imprese belliche, anche i Vescovi devono versargli una quota dei loro introiti, abbattendo un privilegio, quello

---

[26] Filippo IV di Francia (Fontainebleau, 1268 – Fontainebleau, 29 novembre 1314) fu re di Francia dal 1285 alla sua morte. Membro della dinastia dei Capetingi, Filippo nacque nel palazzo di Fontainebleau, figlio del re Filippo III e Isabella d'Aragona. Filippo è soprannominato il Bello (*le Bel*) per la sua bella apparenza.

[27] Bonifacio VIII, nato Benedetto Caetani (Anagni, 1230 circa – Roma, 11 ottobre 1303), fu il 193° Papa della Chiesa cattolica dal 1294 alla morte. Fu discendente di un ramo della famiglia longobarda pisana Gaetani (o Caetani), la quale poté acquisire enormi ricchezze e grandi latifondi sfruttando proprio la sua carica pontificale. Era figlio di Lofredo Caetani e di Emilia Patrasso di Guarcino.

dell'immenso edificio piramidale che è la Chiesa. Si fa sì che il Papa reagisca molto violentemente: inizialmente la reazione del Papa è moderata mediante negoziazioni e concili ma successivamente lo scontro si acuisce e diventa limitativo, ed avviene che il Papa pubblica una bolla (*Asculta filii*) come tentativo ultimo di far rientra il sovrano nella retta via, e dice: "Noi affermiamo, pronunciamo, dichiariamo che ogni umana creatura per avere la salvezza eterna deve sottomettersi al Romano Pontefice".

Avviene che un Papa (l'ultimo Papa teocratico con l'idea di *plenitudo potestatis*) esige obbedienza e sottomissione di ogni umana creatura, riferendosi al sovrano, in quanto do fronte al Papa tutti sono umane creature senza distinzioni, in quanto tutti uguali di fronte al *Vicarius Christi*. Questa diatriba molto rilevante ha conseguenze sul piano politico ed all'inizio del XIV secolo, e si manifestano i primi motivi di frammentazione medievale di unità del mondo portato all'apice con la riforma protestante mettendo in dubbio non solo la supremazia teologica del Romano Pontefice, ma facendo sorgere una lunghissima trattatistica giuridico-politica esercitata su questo punto: chi ha diritto di esigere sottomissione da parte di chi?

Ciò che succede nel XVI secolo è solo un passaggio ulteriore di qualcosa nato secoli prima: si mette in dubbio la necessità dell'intermediazione. La Chiesa, che non rappresenta più la *Respublica Christiana*, viene messa in discussione come mediatrice tra il popolo e Dio. Con il protestantesimo questa dimensione è completamente attaccata e viene attaccata con esiti che sono anche esiti operativi rilevanti: nel momento in cui si stabilisce che non esistono più intermediari, ed i Vescovi non possono esercitare prerogative feudali, ma si mettono in gioco oltre anche altri elementi: non si dice soltanto che non funziona più questo meccanismo, ma non funziona più completamente.

I beni ecclesiastici vengono sottratti agli originari titolari con una contrapposizione che si articola su più livelli: teologico e patrimoniale. Negli anni tra il XV secolo ed il XVI secolo si fanno avanti in modo sempre più vasto correnti di riforma del pensiero giuridico che fino ad all'allora avevano governato la scena giuridica e dove questa contestazione della tradizione giuridica bartolista avviene sulla base di un principio che è attinto letteralmente dal contesto religioso: se si accoglie l'idea che l'autorità mediatrice non è infallibile, anche il mio rapporto con i testi non deve passare da questa autorità.

Bisognava spiegare se si applicava un'idea diversa da una *auctoritas*, maestro del commento, e con le correnti umanistiche, quando si fa avanti l'autonomia dell'individuo, si radica una forte contestazione di fronte al principio di autorità con un atteggiamento di unanime conformismo che fino a quell'epoca non si era mai messa in discussione con uno strumentario concettuale che ricorda le critiche che Lutero oppone alla circolazione della cultura biblica.

La critica è: "E' sicuro che lo scibile della forza politica di Roma sia il distillato più autentico di quella cultura? E' sicuro che i tanti lodati maestri che hanno lavorato sul *Corpus iuris* non abbiano forzato la lettera del Digesto interpolandola, equivocandola?". Ci sono espressioni molto pesanti nei confronti dei bartolisti: a differenza dei cigni che erano stati i giuristi romani, i glossatori ed i commentatori vengono definiti oche: dei barbari. Nascono delle differenze formali tra le varie edizioni dei testi giuridici e la si imputa alle scuole dei glossatori, la necessità che sorge è quella di recuperare il senso autentico del *Corpus Iuris*, e la crisi del '500 fa pensare a quell'elemento di rottura che è la contestazione delle tradizioni scolastiche attive di quelle *scholae* dove il *Corpus Iuris* veniva letto.

Se si vuole recuperare l'autenticità del testo bisogna capire con quale fondamento ci si sta confrontando. La fonte è alterata? E queste alterazioni da cosa dipendono? Dipendono da una ignoranza dei giuristi?

Viene fatta una tale violenza al testo che viene forzato e gli si fa dire qualcosa che in realtà non dice. Il testo remoto diventa diritto vigente "come se fosse scritto il giorno prima e non otto secoli prima" - (Lorenzo Valla[28]). Lungi dall'essere una pura operazione di contestazione, viene portata avanti da questa prima schiera di autori (umanisti italiani: Valla, Poliziano, Petrarca, Alciato, etc.), l'idea che si tratti di una violenza. L'indirizzo è sicuramente più francese che italiano (scuola *culta:* elegante), e viene fuori che il *mos gallicus* (sviluppato a distanza di qualche decennio) viene incarnato da molto autori francesi, e poi anche italiano. Il tipo di contestazione di questi autori francesi (dato geografico non esclusivamente politico) è anche politica (in quanto glossatori e commentatori italiani).

In Francia (ma anche in Spagna e Portogallo), e non solo lì tra la fine del '400 e l'inizio di '500 (Stati assoluti), là dove il processo va di pari passo con il crescere della burocrazia, si fa una raccolta delle consuetudini locali (costumi) e nasce il Diritto Comune (fondato ed articolato sulla colossale cooperazione,

---

[28] Lorenzo Valla (Roma, 1405 o 1407 – Roma, 1° agosto 1457) è stato un presbitero, umanista e filologo italiano.
Si presentava anche con il nome latino Laurentius Vallensis

compattazione, trattazione di consuetudini diffuse), che si sedimenta nell'arco di secoli.

Le regole si strutturano in quanto esse si diano all'interno di un edificio che sia compatto e coerente: la necessità di raccogliere le consuetudini nasce dalla necessità di trovare un punto di sintesi fra mille percorsi che hanno camminato paralleli per secoli, e gli stessi processi avvengono in altri Stati assoluti europei. Non è privo di importanza il fatto che la stragrande maggioranza dei giuristi francesi (antibartolisti europei, critici della tradizione delle glosse e dei commenti) sono francesi in quanto non solo contestano l'attendibilità filologica ma anche la sua applicabilità politica, perché dicono i teorici francesi che sebbene si può accordare al testo una grande capacità descrittiva, c'è un grande problema, quello che lo Stato a cui si riferisce questo patrimonio di regole (Impero bizantino) non centra assolutamente nulla con la Francia del XVI secolo, in cui l'apparato pubblico è totalmente differente; e qui c'è una forte sottigliezza dei *culti* francesi del *mos gallicus*.

Si dice che il sistema pubblicistico su cui ci si afferma è stato costituito su una complessa rete di rapporti tra vari livelli: è un sistema fondato su un forte sistema centrale burocratico, ed è fondato su un forte equilibrio tra diverse soggettività, in cui non c'è traccia degli elementi del *Corpus Iuris*. Hotman non ha una posizione schiacciata dalle prerogative del Re di Francia, ma percepisce su sé stesso l'esigenza di conservare spazi di autonomia sulla base d un ragionamento che anticipa gli schemi contrattualistici introdotti da Locke, Hobbes, etc.

C'è una presa d'atto della fine dell'universalismo europeo, e vedendo ciò si va nella direzione dell'autodeterminazione, e si ritiene che si può recuperare la matrice della mediazione di potere in cui il Re non è altro che un *primus inter pares*. Questa critica che viene sviluppata intensamente è bilanciata da atti di difesa della tradizione: il *mos gallicus* non scompare ma vi sono egli autori che mantengono una posizione intermedia come Alberico Gentili (Oxford), il quale scriverà che i culti hanno ragione di valutare talune operazioni spregiudicate, ma in fondo il *Corpus Iuris* rappresenta uno strumento ineguagliato di casistica e non si può costruire nessun edificio altrettanto forte prescindendo da quella verità: egli coglie un elemento veritiero perché c'è una differenza tra gli Stati in cui la raccolta di consuetudini avviene per scopi politici ed altri Stati in cui non avviene per questi motivi.

La riflessione di Alberico Gentili si manifesta veritiera soprattutto quando si arriverà alle codificazioni (*Code Civil* 1804), che non nascono dal nulla e nel moderare queste critiche non si può far finta di nulla e non ci si può privare di uno strumento importante come il *Corpus Iuris* come se fosse inservibile o inutilizzabile.

24. L'Umanesimo

Se il Diritto è una delle strutture che costituiscono la società, uno dei linguaggi, allora nell'età che vede lo splendore umanistico, il Diritto non può che esprimere tendenze analoghe. Lo specchio è una delle metafore della modernità come costituzione della soggettività moderna. Dire che il diritto è lo specchio della società è come dire che studiando il diritto si può studiare la società: diritto sarebbe antropologia o sociologia, ma il Diritto sarebbe quindi uno specchio di qualcos'altro. Dire invece che il Diritto è uno dei linguaggi della società singifica che la Società è formata da tanti linguaggi tra cui quello del Diritto.

Legittimamente uno studioso di Diritto può pensare che esso sia specchio o (in alternativa) linguaggio della società. Il Diritto è interno (se non antecedente) a questo processo di regolazione della società. Prima vi è l'idea, il progetto (il diritto), e sulla base di questo si costruisce la società. In una età in cui c'è questo fervore e riscoperta della antichità e della classicità nasce il concetto di Medioevo (difettivo).

Anche nel campo del Diritto vi è un ritorno alla classicità, all'antichità, con una critica verso il Medioevo. Tutte le autentiche fonti di Giustiniano in greco vengono studiate dopo al Medioevo (*Greca non leguntur*) poiché solo con la filologia nasce lo studio del greco.

Il linguaggio del giurista non è sempre comprensibile da altri intellettuali, e viceversa, appartenendo a quella credenza di ceto di avere il monopolio del proprio linguaggio. Nasce allora un mutato atteggiamento nei confronti dell'antichità: non sono gli umanisti ad inventare un rapporto con il passato della romanità, ma inventano un rapporto di tipo storico con la romanità.

Nel Medioevo esistono di questi approcci con l'antichità ma non sono storici, infatti non c'era un rapporto relazionale tra presente e passato. Per la prima volta nasce questa relazione critica ed analitica tra il passato ed il presente. Il medievale non solo non aveva un approccio storico, ma non aveva neanche gli strumenti del sapere per poter avere un approccio storico, analitico e critico. Capire se vi fossero state interpolazioni non era problema dei medievale, ma degli umanisti: gli umanisti giuristi erano anche letterati (Alciato), e non come Azzato che dice che il giurista può fare a meno della letteratura.

"Bisogna restituire il Diritto Romano ai Romani", non singifica non studiarlo più, ma non studiarlo più come Diritto Comune, ma come originale ed autentico Diritto dei romani. Gli umanisti giuristi sferrano un attacco critico al Diritto Comune dei medievali; essi sono interessati al Diritto Romano come diritto storico e non come diritto vigente. Bisogna impegnarsi a depurare l'antichità da ogni inquinamento, da ogni interpolazione, restituendo i documenti alla loro storicità, smascherando le falsificazioni. La filologia nasce quindi nella pratica dello studio del testo, e si va costruendo man mano che si rende necessario smascherare le falsità come quelle attribuite a Costantino[29], od ad alcune decretali, etc.

Dinnanzi ad un testo non bisogna porsi in una posizione servile, ma critica. Un libro deve essere letto in chiave critica, e non in posizione passiva. La critica del testo significa sottoporre ad uno scandaglio critico cercando di capire come l'autore l'abbia montato. Il testo è il risultato di un montaggio dell'autore, e quindi per confrontarsi col testo è necessario capire come

---

[29] La Donazione di Costantino (nota in latino come "*Constitutum Constantini*", ossia "decisione", "delibera", "editto") è un documento apocrifo conservato in copia nelle *Decretali* dello Pseudo-Isidoro (IX secolo) e, come interpolazione, in alcuni manoscritti del *Decretum* di Graziano (XII secolo). Il filologo italiano Lorenzo Valla dimostrò in modo inequivocabile come il documento fosse un falso.

l'autore l'abbia costruito. Capire come porsi di fronte al testo sulla base del meccanismo applicato dall'autore.

Una delle caratteristiche tipiche dell'Umanesimo giuridico è il suo approccio storico, od orientamento storico-filologico, perché in effetti ci sono autori umanisti giuristi che prevalentemente sono interessati a questo lavoro storico-filologico. Antonio Agustin tenta una lettura critica del Decreto e cerca di scoprire quali parti utilizzate da Graziano sono apocrife (non per colpa di Graziano, ma perché a quel tempo talune fonti erano considerate vere). Accanto a questo c'è un approccio critico, una critica radicale nei confronti della giurisprudenza tipica medievale. I giuristi umanisti hanno di mira non solo i medievali ma anche la commissione giuridica di Triboniano (v. Antitriboniano).

Ci sono due profili diversi: uno è quello che ha interessato gli studiosi dei studiosi del Diritto Romano, (le interpolazioni): questi esperti capeggiati da Triboniano hanno inserito delle frasi che non erano di Papiniano, Modestino, Ulpiano, Paolo, etc. per scopi di coerenza con l'intera raccolta e quindi c'è stato a partire dal '500 uno studio volto a capire quali fossero le interpolazioni inserite dai giuristi giustinianei guidati da Triboniano, restituendo il testo alla sua originalità:

se il Medioevo lo aveva manomesso, bisognava adesso restituirlo alla sua storia.

I romanisti dell'800 si sono impegnati nel lavoro basato molto sulla linguistica individuando all'interno di questi brani interpolati di termini che nella Roma classica non potevano essere utilizzati. L'uso ideologico che è stato impresso dall'attività dei giuristi moderni ci consegna un Diritto Romano statalistico dove vi è la supremazia della legge, della produzione del diritto; e questo risultato si è potuto ottenere nel modo di organizzare la selezione dei testi.

Lo storico scrive la storia: anche raccogliendo fonti di altre persone, il semplice fatto che ne raccoglie alcune e non altre sta incidendo sulla tradizione della storia. Il secondo approccio è fortemente critica. Come i giuristi umanisti si rifanno all'antichità, i letterati umanisti criticano la letteratura medievale e pretendono di rifarsi alla letteratura antica.

Il mondo antico non consce la minuscola e la scrittura è capitale e l'alfabeto latino prevedeva solo le maiuscole; gli umanisti presi da questo furore volendo ingentilire la scrittura (ritenendo che la scrittura medievale era troppo poco fruibile) cominciano a sperimentare una nuova scrittura in cui fosse presente il corsivo ed il minuscolo. La scrittura universitaria medievale è serrata e piena di contrazione, abbreviazioni, che non può leggere chiunque, ma solo chi ha seguito un apprendistato sul modo di leggere le scritture universitarie.

Lo scopo dei letterati umanisti era quello di una scrittura elegante e l'idea di eleganza era chiara ai medievali, ma lo scopo era quello di creare una scrittura solenne che fosse possibile leggere non solo da un ceto, ma da tutti. Questa scrittura con questa minuscola "umanistica" la chiamano "*antiqua*" ed è la minuscola corsiva. Gli umanisti per collegarsi al mondo della antichità la chiamano *antiqua*. Per criticare il medioevo quella medievale la chiamavano gotica (dei goti?) bolognese (del secondo e non del primo Medioevo).

La propria scrittura era esemplata sulla *littera antiqua*, ma era invece tipicamente medievale (minuscola carolina dell'VIII – IX secolo). Il furore degli umanisti li portò a creare la critica negativa: medioevo, gotico, etc. Le fonti medievali hanno in carattere disperso: il *Corpus iuris*, ha un carattere disperso, voluto dai giuristi giustinianei e continuato dai glossatori. L'indirizzo sistematico dell'umanesimo giuridico è volto a proporre una nuova sistematica del diritto eppure lo sono conoscitori del Diritto Romano. Gli umanisti giuristi inaugurano una nuova sistematica basandosi sulle *Istitutiones*: cose, persone, azioni.

I manuali quando mettono in elenco diversi indirizzo lo fanno per far capire di che si parla ma non vuol dire che ci sia un indirizzo esclusivamente sistematico o critico o etc. Se si ha un approccio critico nei confronti del Diritto Medievale allora la critica funziona se si hanno degli strumenti filologici funzionante nei confronti di questo genere di fonte. L'Umanesimo è stato importante anche per quanto riguarda la storia dell'Università: nascono le grandi accademie dove si insegna e dove si fa ricerca con una chiusura aristocratica del sapere (con una rifeudalizzazione della società europea, con una rinascita del ceto nobiliare).

Le accademie sono un segno dei tempi nuovi con la nascita di un nuovo patriziato che è *elite* per le accademie stesse.

25. Giusnaturalismo

Il Cinquecento è un'età di crisi del Diritto Comune (la crisi non è sempre una maledizione: non tutti i mali vengono per nuocere: la società può trarne dei benefici). Quell'assetto mentale e culturale che abbiamo chiamato Medioevo entra in crisi alla fine del '400 e l'inizio del '500. Tutte le età di transizione portano con sé questa idea di perturbanza, di angoscia, insicurezza. Il fenomeno della stregoneria e della caccia alle streghe centra con il giusnaturalismo e non è un caso che sia protomoderno più che medievale. La realtà presunta di questo fenomeno fa pensare al Medioevo, ma invece (anche se il Medioevo è percorso da credenze magiche, popolari, superstiziose) si tratta di un fenomeno protomoderno: non c'era un solo scienziato di qualunque sapere che non fosse anche interessato alla stregoneria (mettendone in dubbio la realtà).

Talvolta la sfera irrazionale che è nell'uomo può prendere il sopravvento sulla sfera razionale dell'uomo. Gli antropologi hanno ritenuto che la Montagna è una zona meno reattiva alla cultura feudale quindi meno pronta a rispondere a taluni fenomeni (di ragionamento). Gli scienziati erano scettici su questi fenomeni e si riteneva che "quelle donne" raccontavano quei fatti in quanto sotto tortura, anche se poi alcuni si sono convertiti (al credere alla presenza della stregoneria).

Le scuole giuridiche del diritto naturale si pongono in quella età in cui si vanno a definire col "Barocco": era un laboratorio della modernità, ed era in questo periodo in cui si sviluppa il giusnaturalismo. L'uomo rappresenterà il diritto sempre come qualcosa inscritta nella natura che precede la volontà normativa, in maniera molto superba parlando di "natura delle cose". Questa propensione dell'uomo a cercare una certa teoria del Diritto Naturale si trova sempre. Ma è anche vero che nella storia si trova anche chi dice che il diritto naturale non esista, e che esista solo il volontarismo ed il diritto positivo (soltanto).

In realtà ci stiamo occupando non della storia del Diritto Naturale, ma delle scuole di Diritto Naturale del secolo XVI e XVII. I studiosi di quell'epoca con quali strumenti potevano lavorare? Così come il Diritto Naturale si è rifatto al Diritto Romano, le scuole moderne di Diritto Naturale si rifanno alla tradizione precedente ma nel contesto della modernità per questi giuristi il diritto naturale è cosa completamente diverse dall'età attuale. I giuristi sono al contempo teologi, filosofi, matematici, letterati, musicisti, ma sono più che altro teorici più che pragmatici. Non c'era uno studio di avvocato nell'800 in cui non apparisse in bella mostra il *Corpus Iuris Civilis* di edizione cinquecentesca. Anche quando l'umanesimo giuridico colpisce i commentatori ed i giuristi medievali, tutti continuano a maneggiare il *Corpus Iuris Civilis.*

Si costruì una teoria della modernità a partire dall'età rinascimentale con l'apoteosi del Diritto Naturale: l'idea di codificazione è nata da questo impulso della ragione laica rivoluzionaria: viene messo per iscritto il Diritto Naturale sulla base delle disposizioni di principio.

Non c'è dubbio che la pretesa degli uomini del codice fu quella di scrivere (rendere positivo) il diritto

naturale (scrivendo però un diritto dei borghesi). La codificazione è al contempo massima espressione delle idee giusnaturalistiche, ma al contempo il loro seppellimento: una fioritura.
Le scuole giuridiche giusnaturalistiche (secoli XVII – XVIII); traccia Generale:

- Il giusnaturalismo della tomistica (San Tommaso)
- Il declino del giusnaturalismo tomistico. Volontarismo contro razionalismo
- Il volontarismo nella riforma protestante
- Scuola iberica del Diritto Naturale (o seconda scolastica: Scuola di Salamanca)

Abbiamo bisogno di questi quattro punti per comprendere la nascita di Diritto Naturale moderno.
I grandi ordini mendicanti di quell'epoca sono Domenicani e Francescani, grandi protagonisti di una inedita straordinaria attività pastorale post gregoriana. Il Concilio Lateranense IV[30] si indirizza molto alla cura

---

[30] Il Concilio Lateranense IV fu il dodicesimo concilio ecumenico della Chiesa, il quinto celebrato dopo lo scisma d'Oriente. Data: 1215. Accettato dalla Chiesa cattolica. Concilio precedente: Concilio Lateranense III. Concilio successivo: Concilio di Lione I. Convocato e presieduto da Papa Innocenzo III. Partecipanti: 71 patriarchi e metropoli, 412 vescovi, 900 abati e priori. Argomenti

delle anime e sviluppa una legislazione (canonica): il papato ha una grande forza espansiva e questi ordini sono connotati come l'ordine dei predicatori (Domenicani) molto propensi alla predicazione, invece i Francescani sono attraversati da secessioni interne, idee pauperistiche, sempre ai margini tra ortodossia ed eresia. Il linea teorica (con le dovute eccezioni) i Domenicani sono stati sempre orientati a coniugare e coordinare ragione e fede, quindi sono i campioni del razionalismo e del realismo (San Tommaso è il "campione" del giusnaturalismo), con l'idea secondo cui Dio abbia come primo attributo la razionalità (onniscienza, comando, mai fuori dalla *recta ratio*): "Lo vuole Dio perché è Bene" e non il contrario; invece tra i Francescani ci sono quasi sempre posizioni volontaristiche: razionalismo e volontarismo convivono e non si escludono.

Quando avrà il sopravvento una visione volontaristica del diritto vi sarà una posizione individualistica della società: il giusnaturalismo medievale (tomistico) è oggettivistico (quello moderno è soggettivistico) e ciò non ci meraviglia in quanto l'antropologia del uomo medievale lo proiettava verso

---

in discussione: Crociate, Lotta per le investiture Documenti e pronunciamenti, settanta decreti papali, transustanziazione, primato pontificio, condotta del clero,confessione almeno una volta all'anno, Quinta crociata.

il trascendente, etc., quindi per quella mentalità Dio è creatore ed ordinatore del mondo: Dio non si limita a creare ma si spinge ad ordinare, conferendo alla sua creato una serie di leggi perché il mondo è fatto di enti fisici ed enti immateriali che sono gli spiriti, le anime. Queste leggi sono quello che nel vocabolario aristotelico tomistico appaiono come le *causae secundae*. E' l'uomo stesso la manifestazione della legge naturale: la propensione al bene, l'inclinazione al male, etc., è tutto manifestazione della legge naturale, che egli ha inscritta nel suo animo, e la scelta tra bene e male dipende dalla dotazione del libero arbitrio (l'uomo non è predeterminato). Il discrimine tra bene e male è inscritto nel suo animo.

Come fa l'uomo a leggere il diritto naturale dentro al suo animo? Bisogna concentrarsi quindi sul concetto di *Recta Ratio*. In questo caso "*Ratio*" bisogna tradursi con "intelletto" (la *discretio*, il discernimento, la capacità di comprendere la differenza tra bene e male, come direbbero i canonisti). Il termine *Ratio* non è meramente aristotelico: una norma va giudicata sulla base della "*ratio*", e qui il concetto è rafforzato da quelle idee medioevali e religiose cristiane.

Il diritto naturale nella prospettiva medievale è una brutta copia del diritto divino? Non è diritto divino, ma è una maschera del diritto divino, perché solo così lo si può capire: il diritto divino è insondabile dall'animo umano, pertanto lo si dovrebbe leggere sotto l'etichetta "diritto naturale". Il diritto diviene allora accessibile all'uomo mediante questa maschera.

26. *Recta Ratio*

La scienza moderna è prevalentemente deduttivistica sul trovare taluni dati dai quale dedurre appunto principi. Il giusnaturalismo della tomistica dell'impianto tomistico vede un diritto naturale che non è un elenco di precetti, ma una *Recta Ratio* che di volta in volta è chiamata a trovare il giusto. La *Recta Ratio* non è solo uno strumento nell'idea tomistica, non è un servirsi di un mezzo, non è una cosa esterna: la legge naturale è la ragione, e quindi la razionalità è la stessa arte di trovare il giusto, la legge naturale **non può non esserci** in quanto è la medesima struttura di funzionamento della natura.

L'uomo ha la libertà di scegliere all'interno del diritto naturale mediante la volontà, la volontà e porre delle leggi, delle scelte, delle norme: nasce così il diritto positivo, il quale non può che stare all'interno del diritto naturale. Vi è quell'aria di comportamenti cc. dd. Indipendenti che è chiamata zona grigia delle scelte: dal punto di vista della *Ratio* si pone il volontarismo dove non è in gioco la certezza della distinzione tra bene e male, equo ed iniquo, etc. A metà dell'800 si gioca la partita tra scuola classica e scuola positiva. L'etichetta non se l'è data la scuola classica (Francesco Carrara, Luigi Lucchini, etc.) e si pone nella linea della tradizione illuministica e fa irruzione nella storia giuridica un orientamento diverso che ispira alla mentalità del positivismo che si nutre di fantasmatiche ideologie (con a capo Enrico Ferri) avendo come oggetto di studio il reato ed in generale dell'illecito e del diritto penale.

All'interno di questo meta sapere (senza fondamenti epistemologici) non c'era una teoria astratta, non c'era un insieme di enunciati teorici, ma c'era una tecnologia del controllo sociale, ed i giuristi avevano come oggetto di studio non più il delitto ma il delinquente. Per questi giuristi il delinquente "assomiglia al delitto prima ancora di averlo commesso": abbiamo a che fare con il libero arbitrio e con la libertà della volontà, perché ci sono individui anomali e lo sono deterministicamente; poi ci sono gli individui normali (perché normalizzati)[31].

Un individuo assomiglia al delitto prima ancora di averlo compiuto si ha per tutta una serie di ragione: nell'individuo c'è una forma di regressione (all'indietro), degenerazione (razza, razzismo), sulla

---

[31] Concetto di Storia del Diritto Medievale e Moderno avanzato

base del fatto che l'uomo caucasico (capostipite dell'umanità) si sia unito a razza inferiori facendo involvere la specie (antropofagia, incesto, delitto, etc.) verso il male. Si può riscontrare un'altra matrice con uno specchiamento politico nel socialismo italiano positivistica deterministica che orienta verso altra direzione.

L'effetto di non poco conto che vien fuori è un sistema penale che vede il delinquente assomigliante al delitto prima ancora di averlo commesso, e non riguarda la pena da comminare al delinquente, ma il problema si sposta sul piano securitario, sicurezza e difesa della società. Il problema non è sanzionare il delitto, ma è di prendere il delinquente preventivamente. Nasce il carcere come lo conosciamo oggi, i manicomi, la sicurezza, la polizia penitenziaria, con opere di "bonifica del territorio", prevenendo i reati, ristabilendo quell'antica somiglianza all'interno dei penitenziari che vedevano il peccato come la malattia: il delinquente è un malato, e bisogna trattarlo come tale.

Ferri ebbe una grande notorietà: moltissimi furono i positivisti che lo seguirono: fu incaricato di redigere una riforma del Codice Penale. Questa redazione faceva inorridire in quanto era fortemente basato sul razzismo, sulla fisiognomica[32], sulla frenologia[33]. E' vero questo progetto di codice non passò, ma gli esponenti della scuola positiva erano ben piazzati sui posti chiave: istituti di pena, direttori dei penitenziari, dei comandi generali della polizia, etc. Questa ideologia, se non per via legale, ebbe comunque una sua terribile applicazione.

I precetti sono scritti nel proprio animo per natura, e dice San Paolo che anche coloro che non hanno ricevuto la Rivelazione, conoscono comunque questi precetti per natura in quanto conferiti da Dio al momento della creazione: questa materia (di

---

[32] La fisiognomica o fisiognomonica o fisiognomia o fisiognomonia è una disciplina pseudoscientifica che pretende di dedurre i caratteri psicologici e morali di una persona dal suo aspetto fisico, soprattutto dai lineamenti e dalle espressioni del volto.
Il termine deriva dalle parole greche *physis* (natura) e*gnosis* (conoscenza). Fin dal XVI secolo questa disciplina godette di una certa considerazione tanto da essere insegnata nelle università. La parola *fisionomia* è collegata a questi concetti ma in seguito venne usata fra gli studiosi la parola fisiognomica per distinguerla dall'idea di fisionomia.
[33] La frenologia (dal greco *phren* = mente e *logos* = studio) è una dottrina pseudoscientifica ideata e propagandata dal medico tedesco Franz Joseph Gall (1758 - 1828), secondo la quale le singole funzioni psichiche dipenderebbero da particolari zone o "regioni" del cervello, così che dalla valutazione di particolarità morfologiche del cranio di una persona, come linee, depressioni, bozze, si potrebbe giungere alla determinazione delle qualità psichiche dell'individuo e della sua personalità.

Sant'Agostino) sarà apertissima in ambito di lotta protestante. Si riprende questo argomento per il tema della grazia. Un tomista direbbe che questa è la prova che la legge naturale è iscritta nell'animo dell'uomo ritrovabile mediante la *Recta Ratio*. La possibilità di scoprire le tracce del Diritto Naturale non apparterrebbero più alla *Recta Ratio* ma alla fede vivificata dalla *gratia* nel volontarismo.

La volontà di Dio per un tomista è mediata da passaggi intermedi, soprattutto è un tutt'uno tra razionalità e volontà. La volontà di Dio è insondabile e quindi non è così facile capire qual è il diritto divino per la visione tomistica, aperto solo ai beati. La legge di natura è una parte della legge di Dio che è quella che riguarda gli uomini. Nella visione agostiniana si accentua l'elemento della separazione tra diritto umano e diritto divino. Per Agostino le cose non sono volute da Dio perché sono giuste, ma sono giuste perché sono volute da Dio: se Dio le avesse volute in maniera diversa sarebbero state giuste in maniera diversa.

Sul finire del Medioevo (fase calante) l'ipotesi volontaristica emerge a discapito della posizione razionalistica e si riproduce come sempre quel rapporto difficile tra idee e cose, teorie e pratiche, etc., in quanto si tratta di una decisione arbitraria totalmente artificiale. Dopo il '300 c'è una ripresa della visione volontaristica di Sant'Agostino, ed è proprio la scuola di Oxford ad infrangere la visione aristotelica tomistica. La visione di Sant'Agostino non si era mai interrotta, ma riemerge particolarmente con l'affiorare di quell'orientamento.

Il giusnaturalismo medievale ha quella spinta al volontarismo tipica di Agostino. Il personaggio più importante di questa linea è Guglielmo d'Ockham[34] il quale è l'esponente dei nominalisti. Attorno al problema degli universali si è combattuto un vero torneo delle intelligenze: il torneo più feroce è stato quello famoso della controversia nelle università parigine tra nominalisti e realisti. Per i nominalisti l'oggetto della scienza è l'individuale. Per Guglielmo la legge di natura è legge divina (in quanto nominalista), e si esalta il valore dell'esperienza.

Gli aspetti contraddittori dell'occamismo sono: affermare il valore dell'individuo (negando però che l'uomo possa trovare mediante la ragione la legge naturale, al contrario di come fa invece San Paolo, Sant'Agostino, San Tommaso), esasperare la subordinazione alla volontà di Dio, svalutare il ruolo

---

[34] Guglielmo d' Ockham o Occam (Ockham, 1288 – Monaco di Baviera, 1349) è stato un religioso, un teologo, un filosofo e francescano inglese. Detto il *dottore invincibile* e il *venerabile iniziatore*, entrò nell'ordine francescano in giovane età, studiò all'Università di Oxford fra il 1307 e il 1318, intraprendendo l'insegnamento, in seguito, nella medesima università.

della ragione. I realisti vedono la "roccia" coperta dalla "sabbia" (che sono i costumi) esaltandola; i nominalisti al contrario esaltano l'individualità. Questi sono tutti materiali con i quali si costruisce il giusnaturalismo moderno: è influenza dal volontarismo dei nominalisti di Ockham: è un montaggio di tessere precedenti, antiche, come in un mosaico, combinati. Ockham dice: "Nell'individuo non v'è alcuna materia universale realmente distinta da ciò che è proprio dall'individuo, poiché o essa fa parte dello stesso individuo, e in tal caso non può essere distinta, oppure resta distinta dall'individuo, e questo potrebbe evidentemente esistere anche senza quella natura."

Egli toglie agli universali ogni fondamento ontologico. Jean Gerson[35] dice che: "Nulla è male se

---

[35]   Jean   Charlier,   (Gerson, 1363 – Lione, 1429)   è   stato un teologo e filosofo francese, detto Jean de Gerson dal suo luogo di nascita, noto anche con il titolo di Doctor Christianissimus, studiò nel collegio di Navarra a Parigi laureandosi in teologia nel 1393. Già noto e apprezzato, succedette nel 1395 nella carica di cancelliere dell'Università parigina a Pierre d'Ailly, mostrando una particolare energia. Dopo l'assassinio del duca d'Orléans nel 1408, accusò il duca di Borgogna, autore dell'attentato, e fece condannare Jean Petit, il suo difensore. La sua fermezza si manifestò anche nei confronti della Chiesa: pur intransigente nei confronti delle dottrine considerate eretiche, come fece nei concili di Pisa e di Costanza, nel quale contribuì alla condanna a morte di Jan Hus e di Girolamo da Praga, sostenne con forza i diritti all'autonomia della Chiesa gallicana, combatté ogni rilassatezza dei costumi ecclesiastici, rivendicò la

non è proibito e nulla è bene se non perché ammesso da Dio. Dio non vuole od approva le nostre azioni perché sono buone, bensì esse sono buone perché egli le approva."

Max Weber dice che: "Uno obbedisce ad un comando, non solo perché al comando corrisponde un effetto, ma anche perché io partecipo della ragione del comando, ed il potere ha bisogno di uomini che sia ubbidienti ma anche un po' bambini con sottomissione."

27. La crisi del Diritto Comune e la nascita della modernità

Il cinquecento ha rappresentato una frattura orizzontale della Europa cristiana: se al tempo dei franchi (XI sec) in poi l'asse è stato spostato da Oriente a Occidente, nel cinquecento la frattura è ben più possente: tra Nord e Sud. Vi è una cornice culturale comune, ma si dissolve l'universalismo medievale. E' curioso che all'interno di un settore specifico di studi storiografici del Diritto Canonico come dopo il Vaticano II si sia sviluppato un orientamento ecumenico: a partire dagli anni '60 (e maggiormente

superiorità del potere del concilio dei vescovi rispetto a quello del papa e si adoperò per la cessazione del Grande Scisma.

dagli anni '70) quelle comunità di studiosi che hanno l'etichetta dello storico del Diritto Canonico hanno messo insieme studiosi di orientamento protestante e cattolico.

Se alla fine dell'800 i due gruppi di studiosi erano prettamente separati, è interessante rilevare come in tempi più recenti si incontrano fianco a fianco studiosi di matrice protestante e cattolica (ed altro) insieme. Non c'è una scissione tra evento storico come accadimento e racconto degli eventi storici. Gran parte della storiografia che si è occupata della stregoneria è stata influenzata dalla polemica anticattolica di matrice protestante: il modo di raccontare la storia influenza anche la storia come evento. Non esiste un evento se non come noi lo raccontiamo. Questi due livelli interferiscono molto tra loro.

Mentre nel '600 si vede nettissimamente la differenza tra storici luterani e storici cattolici, adesso non si vede più. Sicché questa lacerazione ha pesantemente influenzato la coscienza europea. Il diritto è il risultato di una volontà: non è scritto nelle cose secondo il volontarismo, e questa linea diventa linea costitutiva del movimento protestante (di matrice agostiniana). E' tipico dell'ordine domenicano questo indirizzo propenso a coordinare ragione e fede come ruolo propulsivo.

La teologia medievale aveva conciliato trascendenza e mondo: cielo e terra, divino ed umano; ci può essere una prospettiva che mette comunicabili le prospettive diverse sulle idee rapportate al rapporto trascendenza/mondo. La *Ratio* è quella che intrinsecamente costitutiva appartenente alla volontà di Dio che l'uomo nella sua esperienza terrena vede inscritta nel proprio cuore. La legge naturale non è una copia imperfetta delle legge divina: ne è una parte.

Il filone del volontarismo attinge a questo fenomeno con una forte critica intellettualistica: si pensi alla protesta agli intellettuali da parte dei luterani, e qui si intreccia l'antintellettualismo della riforma che monta verso la giurisprudenza medievale. La crisi del diritto comune fu dovuta ad un inceppamento armonico con pluralismo accentuato e particolarismo giuridico che conviveva con queste giurisdizioni.

Questo pluralismo così accentuato conviveva in presenza con complicatissimi congegni di deroga con il *privilegium*, il diritto singolare, l'eccezione. L'età d'oro del Diritto Comune c'è stata per soli due secoli, poiché si arrivò al punto che le eccezioni furono superiori alle regole. Il *privilegium* è una dispensa che un potere legittimo dà ad un ceto per autoregolarsi. La cultura della codificazione fu orientata da due elementi: il diritto deve essere certo e deve essere semplice (accessibile). Quando si invoca la certezza del diritto?

Quando esso diventa complicato. La semplicità cosa è? Accessibilità, semplicità, astrattezza, generalità, interpretazione alla lettera, niente dispense, etc. La polemica contro i giuristi si sviluppa quando c'è un sistema giuridico che si vuole cambiare e nasce una capacità creativa dei giuristi.

L'antintellettualismo è una ribellione alla pretesa tipica del Medioevo che ci fossero gli "architetti della ragione": l'intermediazione tra la coscienza individuale passa attraverso un ceto che è quello degli uomini che hanno il potere di dire la verità. Secondo i protestanti non doveva essere il chierico ad essere da mediatore della legge divina all'individuo. Mediante la traduzione della Bibbia interi popoli si sono acculturati, e ciascuno se n'è potuto fare un'idea rompendo il ceto dei sapienti. Tutti gli altri chiedevano la verità e dall'altro c'erano coloro che avevano il potere di dirla.

La *Ratio*, mentre nella prospettiva tomistica era intrinseca alla razionalità dell'uomo e leggere i precetti del giusto, nella prospettiva volontaristica/luterana è uno strumento di cui l'uomo si serve per attingere alla volontà divina, conoscendo il volere di Dio, e tutto ciò contribuisce alla dissoluzione della civiltà medievale, sviluppandosi una posizione antilegalistica. Ciò non fu una scoperta del luterani in quanto esso si fece interprete autentico di una radice culturale tipica dell'area germanica in cui l'elemento della comunicazione è stato sempre molto forte.

La *Recta Ratio* serve soltanto a conoscere e seguire i dettami della volontà divina: "Dio è colui la cui volontà non ha alcuna causa né ragione che venga valutata come regola e misura". La riforma protestante è stato elemento fondativo della modernità? Da una parte l'uomo è schiacciato da questa sua lontananza dall'assente divinità: non c'è una comunicazione se non attraverso la grazia svalutando la ragione. Si potrebbe pensare che questo orientamento va espressamente contro la posizione dell'individuo, ma in verità la riforma ha contribuito molto sulla formazione dell'individualismo moderno, di una sfera che riguardava la ricerca interiore, e su una diversa declinazione anche sulla responsabilità individuale. Quando un uomo viene lasciato a sé stesso nella tragica solitudine del Dio insondabile, la solitudine dell'uomo comporta (poiché non c'è più un pastore da seguire) la nascita della soggettività moderna non legata a doppio filo con tutti gli altri. La solitudine dell'uomo è tipica della società moderna riuscendo a distinguere tra sé e l'altro, tra al di qua ed al di là. La riforma protestante è importante nella fondazione della sensibilità moderna.

Quando rappresentiamo la riforma protestante tra luci ed ombre, dall'altra parte ci si aspetterebbe di trovare un blocco assolutamente omogeneo di controriforma (monolitica). Non è un caso che la storiografia cattolica non parla di controriforma ma di riforma cattolica: si sviluppano lavori di intelletti sul potere, sul fondamento, sulla natura della legge, sul rapporto tra uomo e legge. Le idee sono il prodotto di uomini che sono in carne ed ossa.

La partita tra riformatori, luterani, calvinisti, anglicani, intellettuali riformatori di parte cattolica, gesuiti, teologi della scuola di Salamanca, aveva ragioni che avevano a che fare più sul potere che sul diritto. Una storia astratta delle idee è il modo migliore per non capire nulla se non utilizzandolo come modo per leggerne un significato più profondo. La parte dei protestanti propugna una teoria che chiamiamo sull'origine divina della regalità: qual è il fondamento del potere? Il diritto divino. Qual è la legittimità della regalità? Il Diritto Divino.

Il re d'Inghilterra è tale per Diritto Divino (si dice), allora la critica sorge maggiormente su questa affermazione. Come potevano gli studiosi di Salamanca fare a meno della teoria del diritto naturale prescindendo dal Papa? Creando una teoria costituzionale contrattualistica: il fondamento del potere è il contratto tra i governati (consociati). Francisco Suarez dice: "Vi sono diverse forme di comunità: *aeconomica (domestica)* che è il nucleo elementare di ogni organizzazione sociale: la famiglia.

La famiglia è una comunità politica? No, è una comunità naturale. E' attraversata da rapporti di dominazione e potere? Si, altro ché: rapporti di gerarchia, dominazione e potere (nei confronti di moglie, figli, etc.)."

Ma perché non è una comunità di natura politica? Perché sono in capo a soggetti che svolgono il loro ruolo non per scelta, non per un accordo tra le parti, ma per natura. Nessuno ha scelto mai di fare il figlio, ma per natura si è figli, si è madri, si è padri, etc. Una società naturale è regolata da rapporti di dominazione. C'è una lucidità in questo che si può trovare analoga solo sui lavori di Foucault[36].

Spesso i legami sociali dell'età premoderna sono fondati sullo scambio di doni: i doni non prevedono un

[36] Paul Michel Foucault (Poitiers, 15 ottobre 1926 – Parigi, 25 giugno 1984) è stato uno storico e filosofo francese. Filosofo, archeologo dei saperi, saggista letterario, professore al Collège de France, tra i grandi pensatori del XX secolo Foucault fu l'unico che realizzò il progetto storico-genealogico propugnato da Nietzsche allorché segnalava che, nonostante ogni storicismo, continuasse a mancare una storia della follia, del crimine e del sesso. I lavori di Foucault si concentrano su un argomento simile a quello della burocrazia e della connessa razionalizzazione trattato da Max Weber. Egli studiò lo sviluppo delle prigioni, degli ospedali, delle scuole e di altre grandi organizzazioni sociali. Sua è la teorizzazione che vide il modello del Panopticon, ideato da Jeremy Bentham come paradigma della società moderna.

ricambio; invece il dare per avere è tipico di una società mercantile. Il fondamento del potere nella nuova prospettiva è contrattualistico e consensualistico: non è naturale, è un patto politico preordinato al bene comune ed a seconda di come si può declinare questo patto si può avere una visione assolutistica o liberale (se si può sciogliere è liberale, altrimenti assolutistica). In tutto questo il Papa ha una *potestas directa* ed una *indiricta*. Il Papa allora giudica sulla coscienza: se il potere viola la morale la religione, etc. il Papa può sciogliere i sudditi dal patto di subordinazione.

Una politica volontaristica è coerente alla politica degli Stati riformati. La teoria del diritto non è però una maschera utilizzata per coprire altri interessi: non c'è differenza tra teoria e pratica del governo, non c'è un potere che inventa una teoria per giustificare i propri poteri. Suarez era convinto del fondamento consensualistico e contrattualistico del potere, ma non poteva esserlo di fronte al Papa, al ceto e casta dei sacerdoti, della primazia dell'ordine clericale sull'ordine laicale. Su questa vicenda vi sono connessioni con i vari patriarchi: c'è per l'appunto un'operetta che viene pubblicata in Inghilterra pubblicata quarant'anni prima della pubblicazione dei trattati di John Locke che si chiama "I patriarchi". L'autore è un sostenitore dell'origine divina del potere monarchico, un intellettuale della monarchia inglese.

Dire che il potere regio è patriarcale significa spiegare attraverso la storia sacra il fondamento divino del potere. Il potere regio è ereditario. Si sviluppa la (non solo) teoria dei "due corpi del Re", che è un modo di vedere la regalità, con un corpo mortale ed un corpo eterno (che lo lega ai suoi predecessori fino ad Adamo): il potere del Re è di origine divina legato a questa antica risalenza. John Locke si esprimerà con parole feroci nei confronti di questa (non solo) teoria regale, tirando fuori Francisco Suarez per la sua trattazione.

Suarez scrive un commento alla Genesi, ed egli viene citato nella seconda metà dell'800 sulla polemica del darwinismo (dopo così tanto tempo). Qual è il ruolo del soggetto nella teoria di Suarez? Il potere del *Gubernator* non può essere toccato? Ma perché c'è un *Gubernator*? C'è un patto tra i consociati al pari del contratto, ed esso si costruisci nell'incontro tra due libere volontà perché esalta la volontà dell'individuo che ad un tempo risalente hanno costruito la società (comunità politica) perfetta.

Nell'espressione stessa di "perfetta", si evoca quel mondo di religiosità e di dogmi che sono tipici della sfera religiosa cristiana.

28. L'illuminismo

L'illuminismo è un tema abbastanza ampio inquadrando le forme stesse della cittadinanza come esercizio pubblico della ragione ed è oggetto di riprese di studio periodiche: non è prerogativa di una elite aristocratica. Periodicamente appunto si ritrova anche oggi una continua ricerca e spiegazione di questo vasto movimento d'idee chiedendosi sugli effetti positivi. Tutte le volte in cui ci si occupa di illuminismo si apre una questione d'ordine metodologico sulla base della decisione di attribuzione di studio di questo tema agli storici, ai filosofi, od ad altri. Ogni disciplina ha un suo statuto, regole, oggetti, ma possono risultare confini tra diverse discipline come p.es.: storia, filosofia, antropologia, sociologia, politica, teologia, religione, psicologia, diritto, etc.

Si tende più spesso a tracciare linee trasversali che abbraccino più materie, più discipline accademicamente. Per Kant o Voltaire non era necessario o indispensabile decidere di chi fosse la pertinenza. Alla fine del 1783 Kant dà alle stampe un breve articolo su un giornale berlinese in cui si pone la domanda: "Cosa è l'illuminismo?". *Zöllner* si chiedeva se il matrimonio dovevasi considerare più sacramento o contratto: essendo teologo tirava più per la propensione canonica. In questa nota di Zöllner si diceva che si fa tanto parlare di questo movimento ma ancora nessuno ha spiegato di cosa si tratti. Kant raccoglie questa provocazione e sentendosi chiamato in causa desidera replicare dicendo brevemente e limpidamente giornalisticamente entrando nel vivo della questione[37]: se ci poniamo la domanda su cosa sia l'illuminismo rispondiamo che l'uomo esce da una posizione di minorità assumendosi la responsabilità d'essere custodi della propria mente avendo il coraggio di sapere.

Perché invece gli uomini non lo fanno? Perché sono pigri: adattati passivamente a condizioni ispirate alla acritica ricezione di contenuti trasmessi da altri. Se come cittadino non si ha la tendenza a prendere la parola, ad esprimere il proprio giudizio su ciò che gli

---

[37] «L'Illuminismo è l'uscita dell'uomo dallo stato di minorità che egli deve imputare a se stesso. Minorità è l'incapacità di valersi del proprio intelletto senza la guida di un altro. Imputabile a sé stessi è questa minorità se la causa di essa non dipende da difetto di intelligenza, ma dalla mancanza di decisione e del coraggio di servirsi del proprio intelletto senza essere guidati da un altro. *Sapere aude!* Abbi il coraggio di servirti della tua propria intelligenza! – è dunque il motto dell'illuminismo. Sennonché a questo illuminismo non occorre altro che la libertà, e la più inoffensiva di tutte le libertà, quella cioè di fare pubblico uso della propria ragione in tutti i campi. Ma io odo da tutte le parti gridare: — Non ragionate! — L'ufficiale dice: — Non ragionate, ma fate esercitazioni militari. — L'impiegato di finanza: — Non ragionate, ma pagate! — L'uomo di chiesa: — Non ragionate, ma credete.»

riguarda, avviene perché si è sempre fatto così perché non costa nessuna fatica. Questo è un atto di risolutezza caratteriale (cercato da Kant), in quanto vi è una acritica adesione: non è un atto di anarchia o sovversione politica, ma ragiona in modo più sottile: noi dobbiamo in quanto cittadini obbedienza alle leggi, ma in quanto liberi pensatori, possiamo interrogarci sulla razionalità di queste regole? Si, anzi dobbiamo. In quanto cittadino che paga le tasse cosa succederebbe se tutti non pagassero le tasse? Lo Stato andrebbe in fallimento.

Questo ci consente di capire, dice Kant, qual è la qualità di cosa stiamo facendo: si è liberi di non osservare una determinata regola? Certamente no, ma essendo legittimati a pensare, ci si può chiedere se questo sistema normativo è il più razionale? Certamente si, in quanto è esercizio della propria ragione. Kant si colloca in una linea coerente: non si può arbitrariamente sovvertire un ordinamento, ma ci si deve domandare sulla razionalità di esso: questo è uso pubblico (e legittimo oltre che doveroso) della propria ragione. E' possibile la censura politica attraverso sanzioni a ciò che è l'esercizio pubblico della propria ragione? Certamente no, non è ammissibile nessuna censura in quanto il confronto pubblico dipende dalla libertà.

Nessun potere politico può limitare il diritto dei cittadini a confrontarsi liberamente e pubblicamente secondo Kant. Alla fine di questo scritto dice una cosa apparentemente paradossale e porge un ringraziamento a Federico II di Prussia al quale rivolge parole particolarmente devote che sembrerebbero in contraddizione alla libertà. Kant ci spiega come la libertà consiste in una limitazione di tutto ciò che limita la libertà, pertanto è necessaria una autorità che limiti le limitazioni alla libertà. Kant ci dice di non confondere la libertà con la libertà assoluta, poiché la libertà assoluta uccide la libertà.

Kant dice di non trovarsi nel secolo in cui queste idee si siano ancora affermate, e ritiene che dopo qualche secolo queste idee avrebbero potuto prender padronanza grazie ai reggenti illuminati. Ogni concessione è graziosa concessione del sovrano. L'enciclopedia è uso pubblico della ragione, e Voltaire dirà in "Olimpia" che le leggi sono il risultato della pubblica opinione, ma dicendo così introduce una visione completamente opposta: non sono effetto di una qualche scoperta di ordine oggettivo delle cose (diritto naturale immutevole), ma essendo anche mutevoli le opinioni degli uomini lo è anche il diritto (diritto positivo trasformabile).

Nasce l'idea che non esista un ordine perfetto naturale (o divino), e mediante l'illuminismo si sviluppa la critica. L'illuminismo riguarda tutti i paesi dell'Europa Occidentale ma non ovunque ha gli stessi contenuti: dobbiamo considerare che nell'utilizzare etichetta illuminismo stiamo utilizzando un'area di famiglia che non punta alla stessa direzione, e però segnalano tutti il tentativo di decretare in modo da allora in poi pacifico quello che è la funzione pubblica dello studioso e dell'intellettuale.

Nessuno però prima di quell'epoca si era arrogato un ruolo di direzione di pubblica coscienza (se non il governo). Questa direzione pubblica viene esercitata a partire da quest'epoca a partire dalla ragione e non più dalla autorità. Essendo tutti esseri razionali, ognuno è libero di pensarla a modo suo senza indicazione aliena. La razionalità diventa terreno comune di confronto: Habermas scrive la "Teoria dell'agire comunicativo" dicendo che l'agire comunicativo è efficace in quanto vi è una comune condivisione della razionalità.

Voltaire fa una operazione precisamente in linea con ciò che Kant dirà decine di anni più tardi: parla dell'utilizzo pubblico della ragione discutendo sul caso relativo all'omicidio di un figlio perché convertito al cattolicesimo. Il padre omicida è stato giustiziato non tanto per essere omicida, ma poiché calvinista e quindi Voltaire si domanda: è competenza pubblica giudicare su queste premesse? L'utilizzo della pubblica ragione ha dato i suoi frutti? E' presente?

Voltaire si occupa di questioni quali la tolleranza religiosa, politica, filosofica, e di altre convinzioni personali. La condizione in cui uno studioso di una determinata materia si occupi di tante altre è molto lontana dall'ambiente in cui ci troviamo. Nel 1748 Montesquieu[38] si domanda sul perché bisogna obbedire alle leggi: ci si può interrogare sul miglior sistema politico? Egli descrive, e si fa teorico principale, della divisione dei poteri: Legislativo, Esecutivo e Giudiziario.

Secondo Montesquieu la legge, e la sua applicazione che è il Giudice (bocca della legge) devono essere meno arbitrarie e più oggettive e più uniformi possibile. Non tutti i filosofi si riconoscono in questo ampio movimento d'idee che è l'illuminismo: c'è una generale convergenza sulle idee relativa all'ordine sociale. Nessun autore di quelli sopracitati discuterebbe che la società funzioni sul principio della libertà individuale (p.es.: Proprietà privata, esercizio del pensiero, libertà di movimento, parole, stampa, etc.) con indipendenza materiale ed economica. C'è nel

---

[38] Charles-Louis de Secondat, barone de La Brède et de Montesquieu, meglio noto unicamente come Montesquieu (La Brède, 18 gennaio 1689 – Parigi, 10 febbraio 1755), è stato un filosofo, giurista, storico e pensatore politico francese. È considerato il fondatore della teoria politica della separazione dei poteri

tentativo razionale di affermare la libertà individuale che è punto di partenza dell'essere protetto da ingerenze afflittive.

La libertà economica è la premessa della libertà di pensiero: i filosofi sono coloro che socialmente possono interpretare questo ruolo, ma non sempre è così: Rousseau dice che il male dei mali è la proprietà privata sede delle più tragiche forme di sfruttamento di uomini su altri uomini. La critica di Rousseau non è solo politico-istituzionale, ma anche di natura radicale: come si può essere liberi in una società in cui la libertà è costantemente negata ed offesa da persone che non hanno nulla, e da altri che hanno tutto?

Non si possono trascurare le differenze tra le due figure all'interno dell'illuminismo: la critica di Rousseau sarà fatta oggetto da altri pensatori futuri, da Robespierre, ma nessun'altra persona dell'illuminismo accetta queste premesse. Negli anni '60 del '700 la pubblicazione di "Dei delitti e delle pene" avrà moltissime conseguenze e commenti: Cesare Beccaria dice che le pene non devono essere intese in termini morali, ma in termini di utilità: è dannoso ciò che è dannoso alla società, e non ciò che è moralmente o religiosamente illecito. Se la qualificazione va intesa in termini utilitaristici, anche la commissione dei reati verrà intesa in termini utilitaristici: lo Stato non deve punire, ma correggere; non deve meramente sanzionare, ma istruire. La pena è utile in quanto ha una funzione pedagogica è non punitiva. Beccaria indica un uso estremamente moderato della pena di morte, e l'ammette solo in casi straordinari: rischio di crollo dell'ordinamento, anarchia, etc (ipotesi limite). Ciò che assicura l'effetto della pena non è la sua crudeltà, ma la sua pedagogicità.

Esistevano dei mezzi di prova (nel processo) che garantivano prove semipiene: spesso la prova semipiena (o la prova piena) era fittizia in quanto estorta con la tortura. Secondo Beccaria le torture portavano ad ammissioni di colpa fittizia.

29. Il modello del giusnaturalismo moderno

La partita si giocava sul piano dei rapporti politici. Protendere per una visione volontaristica o contrattualistica non riguardava il mondo astratto delle idee, ma anche e soprattutto la politica. La fonte primaria del potere è il monarca e non il diritto naturale, invocando la figura metaforica dei patriarchi. Questa discussione sui patriarchi sull'origine divina del potere si giocava al periodo della gloriosa rivoluzione (concludendo con la decapitazione del re) in un periodo in cui soffiava un vento repubblicano. L'Italia, che è la culla della storiografia, tende ad obliterare la Storia, cambiando anche i nomi delle strade e delle piazze. In Inghilterra invece la Storia è rimasta anche se "scomoda" (non più inneggiata: p.es. Cromwell).

La comunità perfetta è risultato di un contratto consensuale stabilito tra i soggetti di quella comunità che volontariamente si sono accordati alla sottomissione ad un *gubernator* che li governi. Vi è la prospettiva liberale di John Locke, e quella assolutistica di Hobbes. Il suddito può fare "appello al cielo" è ribellarsi (in una visione liberale) ad un potere tirannico. Nella prospettiva di Hobbes una volta fatto il contrato il popolo ha già messo nelle mani del principe tutto il potere (anche se in maniera tirannica). Il fondamento del giusnaturalismo moderno a differenza di quello medievale è soggettivistico poiché l'aria che spirava era quella del nuovo coscienzialismo ed individualismo. Il fulcro intorno al quale gira il giusnaturalismo è il contratto sociale. Il protagonista è quindi il soggetto che con la libertà della volontà definisce la sua "convivenza".

Nasce l'idea di diritto soggettivo innato: il diritto medievale non conosce il diritto soggettivo in quanto tutto è oggettivo (pure il diritto); si utilizza il termine *status* o *fama (existimatio)* per indicare la inviolata capacità giuridica. L'idea di un diritto soggettivo innato è tipico dell'area concettuale del giusnaturalismo e dell'età moderna. Questi teologi e

giuristi cattolici della controriforma sono stati dei
giganti, e se dovessimo immaginare il contenuto del
giusnaturalismo moderno senza di questi (studiosi della
Scuola di Salamanca), non si sarebbe potuto produrre
nulla. Il testo dei giuristi di Salamanca era San
Tommaso (e non già semplicemente la Bibbia),
producendosi la disinvolta infedeltà a San Tommaso
(con commenti e glosse): i loro interventi sono stati
fortemente innovativi, facendo intravedere i diritti
soggettivi.

Il concetto di fama (per *incidens*) che nel Diritto
Comune non ha niente a che fare con il concetto di
gloria, ha largo spettro e significa "buona reputazione"
equivalente ad *existimatio*. Questo termine dal lessico
quotidiano a quello giuridico si veste di un abito
tecnico, e ha come contrario "infamia".

Nel Medioevo la fama è un bene da tutelare, ma
non un diritto soggettivo: l'infame non può
testimoniare se non mediante la tortura giudiziaria
(assieme al sospettato). La fama nel Medioevo è la
condizione di una persona, ma Francisco Suarez fu il
primo a dire che la fama è un diritto inalienabile
inviolabile soggettivo della persona (un'innovazione
storica). Il diritto alla fama diventa innato, e l'eventuale
lesione è reato gravissimo: ogni persona viene alla vita
con questo diritto alla fama e lo si può ledere
diffamando la persona. Il termine *infamatio,* nel

Medioevo (e nel Diritto Canonico) non significava necessariamente corrompere o ledere la reputazione mettendo in giro maldicenze, ma con il dire: "ha torto" ovvero "ha ragione". Oggi diremmo per persona infamata, con una espressione poco elegante, "persona chiacchierata". Se un chierico era infamato (chiacchierato) si invertiva l'onere della prova: era lui che si doveva difendere purgandosi, e visto che non vi era un accusatore preciso, con prove, indizi, etc., l'infamato doveva procedere alla *purgatio canonica*, procedura molto complessa (in cui dei testimoni dovevano testimoniare la buona fama, ed era difficile che cinque o sei buone persone avessero messo a rischio la propria buona fama per difenderne una dubbia).

Secondo Suarez la diffamazione è un reato gravissimo ed un suo collega, relativamente alla diffamazione, fece emergere il problema del caso di un confessore che ascolta una confessione in cui viene confessato un incesto (Tabù, e non mero illecito: delitto talmente atroce che non può neppure essere nominato, la cui violazione è di per sé improbabile, per non dire impossibile): ci sono due leggi divine che qui entrano in collisione: una di diritto divino positivo (che impone al penitente di indicare tutto, di raccontare tutto, di confessare tutto, peccato e circostanze, poiché è una imposizione che coinvolge anche il confessore ad indagare ed a chiedere tutto) che porta il confessore a chiedere con chi è stato commesso l'incesto; e l'altra di diritto divino naturale (che implica il divieto di diffamazione altrui) che porta il confessore a rifiutare tale confessione.

La soluzione consiste nella primazia gerarchica del diritto divino naturale al diritto divino positivo, poiché il confessare con chi è stato commesso l'incesto comporta ulteriore peccato. E Suarez a tal proposito scrive un commento alla Genesi (*De operae sex dierum*) dedicandone parte alla risposta di una domanda puramente ipotetica: "Come sarebbe stato il Paradiso se i nostri progenitori non avessero peccato?", costruendo un Paradiso (ipotetico e perfetto) che ci sarebbe se Adamo ed Eva non avessero peccato. Qui si occupa di tutte le materie: politica perfetta, società perfetta, governo perfetto (chiedendosi se ci fossero stati uno o più regni), etc.

Suarez dice che il primo regno (in cui gli uomini sono immortali) vedrebbe Adamo come Re, avendo costituito un unico regno, ma a seguito della nascita di figli sarebbero nati nuovi regni.

I punti del giusnaturalismo moderno sono:

- Una visione laica del diritto;
- La costruzione di un'etica razionale;
- Teoria dei diritti soggettivi;
- Teoria del contratto sociale;

- Il metodo: approccio razionalistico;
- Il giusnaturalismo oggettivistico.

Gli autori del diritto naturale del '600 e '700 hanno posizioni diverse se presi singolarmente: non ce n'è due che hanno la stessa idea: accomuna tutti l'idea di contratto sociale, approccio razionalistico, e diritto soggettivi.

Sommario

1. Semantica storica 4

2. La parola "Medioevo" 9

3. Periodizzazione 14

4. Evoluzione del concetto di Storia 17

5. Esperienza della Chiesa...24

6. Evoluzione del Diritto Romano 29

7. Diritto Germanico 33

8. La giuria 40

9. Il Processo scritto 45

10. Imitatio Imperii 53

11. Missio ecclesiae 58

12. Penitenziali..64

13. Le arti liberali..69

14. Restauro dei Libri "legales"..74

15. Lo spirito dell'Università...81

16. L'Università come torneo d'intelligenze 88

17. Attività dei glossatori e dei commentatori 92

18. La verità nel Medioevo: Ars Inveniendi 98

19. Glossa, commento, summa. 104

20.   La crisi del diritto comune 108

21.   Il passaggio dal Medioevo all'Umanesimo...................113

22.   Martin Lutero e la riforma protestante..........................120

23.   Frammentazione della *Respublica Christiana* 130

24.   L'Umanesimo...140

25.   Giusnaturalismo 146

26.   *Recta Ratio*..152

27.   La crisi del Diritto Comune e la nascita della modernità 159

28.   L'illuminismo...168

29.   Il modello del giusnaturalismo moderno 175